Cet ouvrage de Stéphane Garnier est une création inspirée et adaptée de son best-seller adulte *Agir et penser comme un chat*, publié aux Éditions de l'Opportun en 2017.

Albin Michel Jeunesse : 22, rue Huyghens, 75014 Paris – www.albin-michel.fr
Éditions de l'Opportun : 16, rue Dupetit-Thouars, 75003 Paris
www.editionsopportun.com
Conception graphique : Elena Baudier-Melon
Loi n° 49-956 du 16 juillet 1949 sur les publications destinées à la jeunesse
N° d'édition : 23724/01 – Dépôt légal : second semestre 2019
ISBN : 978-2-226-44541-4
Imprimé en France par Normandie Roto Impression s.a.s. (1903975)

Avant-propos chatounesque

Comme vous, comme toi, comme tous, j'ai eu 9 ans, puis 10, puis 11, 12, 13, 14… Et comme tous, j'avais le sentiment que le temps passait lentement. Parfois les jours se ressemblaient, identiques, mais à d'autres moments, comme lors du passage d'une classe à une autre, à la suite d'un déménagement ou de changements dans ma famille, ma vie avançait à pas de géant. Tout changeait tout à coup, mais souvent rien ne changeait. Il fallait apprendre, faire avec, et s'adapter.

Les différents chats avec qui j'ai vécu durant ces années étaient déjà devenus mes compagnons de vie, mes confidents, naturellement. J'ai toujours su que les chats m'écoutaient, me comprenaient. C'était pour moi une sorte d'évidence.

Je m'inquiétais souvent de tout inutilement. C'est ce que mon premier chat m'a appris au fil du temps. On jouait ensemble, il me rassurait quand j'avais le trac pour le lendemain et que je devais passer à l'oral devant toute la classe. J'angoissais à l'avance, je détestais ça. Et le soir, quand je rentrais, il me regardait fixement en clignant des yeux comme pour me dire : « Tu vois, ça s'est bien passé finalement ! »

Petit à petit, au contact de mes chats, j'ai appris. J'ai appris à ne plus avoir peur, à écouter, à m'imposer, à travailler à ce que j'aimais, à demander de l'aide quand c'était nécessaire, à avoir confiance en moi, et à envisager ma vie de demain.

Les chats sont magiques, n'en doutez jamais. Et quand à leur côté vous faites un vœu, c'est comme si brusquement l'univers tout entier se mettait à conspirer pour qu'il se réalise, même si cela peut prendre du temps.

Si dans votre vie vous n'avez jamais eu l'occasion de rencontrer de chat magique, il est temps que je vous présente Ziggy, mon compagnon de vie depuis quinze ans.

Envie de connaître quelques secrets de bien-être du chat ? Quelques secrets de bonheur ? Quelques secrets de vie ? CH'EST PARTI !

#1 - PAROLE DE CHAT !

Aux jeunes...

Mes ami·e·s les jeunes, je vous aime ! Je vous aime parce que vous êtes les adultes de demain, l'avenir. C'est vous qui allez construire le monde qui s'ouvre.

Même si vous ne le soupçonnez pas encore et si, par moments, vous doutez beaucoup de vous. C'est vous qui allez devenir les acteurs et les actrices incontournables de ce nouveau monde. Et pour ça, il va vous falloir grandir, apprendre, vous armer, et acquérir certains savoirs, qui ne sont pas forcément transmis par les « adultes ».

Les adultes ont parfois tellement de certitudes qu'il est difficile de les convaincre de modifier leurs comportements pour vivre mieux. Mais vous, contrairement à eux, vous avez le pouvoir, la force et la souplesse d'esprit d'améliorer votre vie dès aujourd'hui ! Et c'est tout l'objet de ce livre écrit pour vous : comment faire pour être heureux·se dès maintenant.

Comment ? En évitant les erreurs, en évitant de perdre du temps, et surtout en vous inspirant de nous, chats, et de notre manière de vivre. Les chats possèdent un savoir bien supérieur à ce que vous pouvez penser. Un savoir sur la vie, un savoir sur les humains, un savoir sur vous.
Je m'appelle Ziggy, chat au pedigree de gouttière, une patte en moins et six kilos de grâce, d'amour, de délicatesse et de finesse d'esprit mis à votre service, pour vous offrir sur un plateau toutes mes astuces afin que vous vous sentiez bien dans votre peau, bien dans votre quotidien, bien dans votre vie. Que du bonheur en fait !

C'est donc bien un chat qui vous parle !
Pour vous planter un peu le décor, j'habite dans le Sud – à Sanary-sur-Mer pour être exact. Le Sud et son soleil, le Sud, sa mer et ses cigales. De quoi faire la crêpe sur une plage, après avoir eu une vie de chat bien remplie !
Après avoir quitté Lyon, nous nous sommes installés là avec Stéphane, dans une résidence faite de petites maisonnettes mignonettes nichées au cœur des pins. Ils appellent ça des « villas-club », mais pour moi, comme pour l'équipe de jeunes qui se retrouvent dans le square au cœur de la résidence, c'est plutôt des « villas-club de vacances ».
Ah ! Pour ça, ils ne risquent pas de choper un ulcère avant l'âge, les gones du Sud (« gones » désigne les enfants en région lyonnaise) ! Mais après tout c'est bien normal, c'est de leur âge. Ici, les gones, on les appelle des « minots ». C'est assez drôle d'ailleurs, puisque au départ, en 1721 – c'est l'instant culture –, « minot » s'écrivait « minault », et

ce terme désignait alors un jeune chat. Comme quoi, il n'y a pas de hasard à nous retrouver dans le Sud à nous faire dorer la pilule.

À les voir s'agglutiner sur les bancs chaque fin de journée pour passer du temps ensemble, je n'ai pu m'empêcher de les espionner, ces minots, caché dans un bosquet. Quand la nuit tombait, il m'est arrivé de les suivre ; et, à ma grande surprise, de les retrouver regardant par la fenêtre de leur chambre, à attendre, à soupirer, à la recherche d'une réponse.

Car malgré cette vie au soleil, baignée par le chant des cigales, l'ennui règne souvent dans ce petit groupe, les soucis aussi, des problèmes avec les parents, les beaux-parents, l'école... J'en vois qui, trop timides, parlent peu, quand d'autres prennent tout l'espace. J'en vois d'autres qui se perdent dans leurs rêveries, sans trop savoir comment s'y prendre pour envisager le lendemain. On aime en silence, on s'angoisse du bulletin scolaire, le quotidien amène parfois son lot de tracas, que l'on partage en partie avec la bande de copains et copines, puisqu'on ne peut pas, ou on n'ose pas, en parler à la maison. Mais malgré cette camaraderie, la plupart ne disent pas tout aux autres, ayant honte ou peur d'aborder des sujets trop personnels.

Mon entrée en scène

Alors, après avoir écouté pendant des semaines, un jour, je me suis décidé à entrer en scène. Je suis arrivé d'un pas tranquille vers le petit groupe et je me suis planté devant, à quelques mètres. Léa la rêveuse a été la première à descendre du banc pour s'approcher doucement de moi, afin de me caresser. Puis ça a été le tour de Greg, dit « j'en glande pas une », de Lili, et ainsi de suite. Même le beau Mat, qui jusque-là était resté scotché sur le banc, peu enclin à ne plus être l'unique star de ce petit square, a fini par s'accroupir pour me gratter derrière l'oreille.

Au fil des jours, je suis devenu leur mascotte. J'ai passé du temps à ronronner et à me faire caresser en passant des genoux de l'un·e aux épaules de l'autre, et j'ai continué à écouter leurs soucis, leurs histoires...

Mes secrets de chat

J'ai eu envie de les aider, de leur livrer quelques-uns de mes secrets de vie de chat... Mais est-ce que ces jeunes sont encore capables de me croire ? De croire un chat qui parle ?

La nuit tombe, et ce soir-là, la joyeuse bande se lève pour rentrer à la maison. Je saute sur le banc et leur dis : « Attendez. »

D'un coup les jeunes se figent, et se regardent en se demandant d'où vient cette voix. À nouveau je répète : « Attendez » et Lili voit que c'est moi. Elle me désigne du doigt et tous les yeux se tournent dans ma direction.

– Tu... tu parles ? bafouille Greg.

– Tu parles, Charles ! Et pas qu'un peu !

– Moi, c'est Dorian, et toi ? ose Dorian timidement.

– Moi, c'est Ziggy, et toi, c'est Mat, toi, Léa, toi, Greg, Chloé, Lili... Je vous connais !

– Mais comment c'est possible ?... balbutie Chloé.

– C'est possible si vous avez envie d'y croire, et si pas un d'entre vous ne dévoile ce secret à qui que ce soit.

– Pas de souci ! Mais qu'est-ce que tu veux ? demande Mat, s'avançant pour reprendre sa place de chef de bande.

– Moi ? Rien ! Peut-être vous donner un coup de patte si vous en avez besoin.

– Un coup de patte ? Comment ? À quoi ? s'étonne Dorian.

– Comme vous le voyez, je suis un SUPER-CHAT ! Je ne suis pas unique, mais comme tous les chats je peux vous apprendre quelques trucs pour que vous deveniez des super-héros, si cela vous tente.

– Genre, tu vas m'apprendre à voler et à envoyer des boules de feu ! dit Dorian en riant.

– Non, mais avec ce que je sais sur toi, si tu veux, je peux t'apprendre à devenir le super-héros de ta vie, à changer, en comblant ce qui te manque et en t'apprenant à lutter contre ce qui te fait peur.

Dorian ne dit plus rien, les autres se regardent, sans tout à fait comprendre de quoi je leur parle.

Après quelques instants, je leur demande :
– Et vous ? Besoin de rien pour être plus heureux ou heureuse dans votre vie ? Parce que question liberté, indépendance, confiance en soi, courage, charisme, amour, amitié, et farniente au passage, nous, les chats, on en connaît un rayon.
Ils écarquillent un peu les yeux.
– Je vous laisse réfléchir ! Et si vous avez besoin de moi, je suis dans les parages. Je sais où vous habitez, et je connais même la fenêtre de vos chambres. Ne vous étonnez pas si un soir vous entendez toquer à la vitre. Bonne soirée à tous, les gones !
– Salut Ziggy ! me lance la bande.
Je les regarde s'éloigner en faisant un vœu : j'espère pour demain, j'espère que leur vie à venir ne sera qu'une course aux rêves baignée de rires, une parenthèse merveilleuse.

CHECK & CHAT !

Chat va le faire !
Faites un vœu ! Croyez-moi !

Et vous, gones, titis, minots,
quinquins et autres jeunes
des quatre coins de la France,
vous avez envie de devenir
le super-héros, la super-héroïne
de votre vie ?
Oui ? Alors suivez-moi ! Je vous
propose un super programme :
Pour passer de chaton à chat !
Pour bien vivre et profiter
du bonheur !
Pour agir et grandir comme un chat !

#2 - ÊTRE POPULAIRE ? CHAT CLAQUE !

Pour ma première « consultation » à domicile, je rends visite à Mat.

Cool et branché, Mat n'a rien à envier à personne. Il est un peu le cador de ce groupe de jeunes du quartier, et le super cador à l'école !

Du moins le pense-t-il !

Pas méchant pour un rond, Mat est un gentil garçon, mais il en fait toujours quatre caisses ! Et pas à chat !

Il a plein de copains, de copines, oui, mais...

Ah ! Ça « check » dans la cour ! Pas de problème ! Mais en réalité, a-t-il autant d'ami·e·s qu'il le croit ? Et surtout, pourquoi ses copains et copines restent avec lui ? Pour de bonnes ou de mauvaises raisons ?

Chat claque tant que ça, Mat ? C'est ce qu'on va voir !

POUR ÊTRE POPULAIRE, TU LA JOUES STYLE OU CHARISME ?

« C'était soit un très grand chat, soit un petit tigre.. »
Harry Potter

Quand je pointe ma truffe chez Mat, au numéro 4 de la résidence, je balance un petit coup de moignon contre la baie vitrée pour signaler ma présence, et j'attends que la porte s'ouvre.

À travers la vitre, je vois comme à son habitude que Mat a encore fait très fort, question look ravageur.

– Salut, Mat !

– Salut, sac à puces !

– C'est agréable ! Ça roule, demi-portion ?

– Vas-y, entre Ziggy, je suis en train de me faire une nouvelle coupe, j'ai acheté un gel génial, tu vas voir ça !

– Je sens que ça va encore être du grand n'importe quoi… T'as pas un truc à bouffer ? J'ai les crocs !

– Va voir à la cuisine, ma mère a laissé du jambon dans l'assiette sur le bord de l'évier. J'arrive.

Quelques minutes plus tard, alors que je déguste les restes de gras de jambon, Mat débarque comme une furie dans la cuisine et lance :

– Tadam ! Mate ça !

– Ah oui, quand même ! lui dis-je en me léchant les moustaches.

– La classe, non ?

– C'est la nouvelle tendance iroquoise ou tu comptes t'inscrire dans une école de clown ? Parce que là... À part faire fuir les pigeons du champ d'à côté, je vois pas !

– T'y connais rien ! J'suis au top, boule de poils ! T'as vu ma nouvelle casquette ? Assortie à mes sneakers ! Trop stylée !

– Ouais, super ! Ça déchire !

– Comment tu parles aujourd'hui ?

– Tu as raison, Mat, je n'ai pas besoin de ça, moi. Tout le monde m'aime sans que j'aie besoin d'en faire trois tonnes !

– Vas-y ! Va te faire brosser !

– T'inquiète ! Pour ça, y'a du monde. Tout le monde accourt, même pas besoin de demander. Tu as remarqué ?

– Quoi ?

– Quand je me balade dans le quartier, tout le monde se baisse pour m'appeler, me caresser. Et pour cela, je n'ai rien à faire, MOI !

– Comment ça, TOI ? Qu'est-ce que ça veut dire ?

– Pas besoin de tous tes gadgets trop « stylés », ou de parler fort avec un accent de racaille. Même pas besoin d'un « miaou » ! Rien ! Je me pointe, et hop, tout le monde rapplique autour de moi. Tu sais pourquoi ? Parce qu'il y a une différence entre avoir du charisme et du style.

– Du charisme... Qu'est-ce que tu racontes, ça en jette, mon style !

– Sûr, ça en jette ! Ce n'est pas la question, Mat. Mais tu en « jetterais » encore plus si tu n'avais pas besoin de tous ces artifices pour attirer les gens à toi...

– J'ai pas besoin de tout ça pour avoir des potes. C'est juste ma dégaine. Au bahut, j'suis trop populaire !

– C'est quoi pour toi, être « trop populaire » ? As-tu déjà essayé de passer une semaine avec tes « ami·e·s » sans avoir à leur montrer le dernier truc trop cool que ta mère t'a acheté, juste pour les faire baver ?

– Je sais pas... non...

– Pas grave, c'est juste que tu devrais essayer une fois, comme ça, pour voir...

– Pour voir quoi, Ziggy ?

– Pour voir si tu es aussi populaire que tu le penses quand tu n'es pas aussi « stylé »...

– Tu parles ! On parie ?

– Quand tu veux ! Une boîte de sardines.
– OK ! Passe fin de semaine et on en reparle.
– OK, Mat, tope là !

Quelques jours plus tard, je suis repassé voir Mat. Il avait tenu parole et avait joué le jeu. Il s'était légèrement calmé sur son look et son attirail de mec au top du top.
Sais-tu ce qu'il s'est passé durant la semaine ? Eh bien, comme il me l'a raconté, beaucoup de ses soi-disant ami·e·s avaient un peu pris leurs distances, passant par exemple moins de temps avec lui à la récréation ou devant l'école à attendre le bus, car durant toute la semaine il n'avait rien eu de nouveau, de captivant à leur offrir pour se mettre en avant et briller.
En réalité, sans tous ses gadgets et son style, Mat avait peur de ne pas être assez intéressant pour les autres. Alors il faisait de la surenchère avec ses tenues, ses casquettes, son smartphone importé des US par son oncle... Et pourtant, Mat, je le connais bien, c'est un garçon très drôle, avec toujours le bon mot pour faire rire ses copains et copines. Sans qu'il s'en doute, ce qu'il a de meilleur à offrir, c'est lui !
Il m'a avoué que ce petit test avait été dur pour lui les premiers jours, quand il s'était rendu compte que plusieurs de ses camarades lui avaient porté moins d'intérêt. Mais dans

le même temps il avait eu l'occasion d'en tirer deux conclusions : premièrement, cela lui avait permis de faire la différence entre les connaissances d'école et les vrai·e·s ami·e·s, qui avaient à peine prêté attention au fait qu'il n'avait pas le nouveau truc à la mode à leur montrer. Et deuxièmement, il s'était mis à cultiver un peu plus son côté blagueur avec ses potes, et s'était aperçu que cela attirait tout autant les gens que sa montre connectée.

Mat a un vrai don pour raconter les histoires, il sait y mettre le ton, faire durer les blagues, imiter ses profs ou le voisin d'à côté qui râle, en bref, il a un vrai talent pour faire rire et amuser la galerie. Peut-être qu'un jour il sera humoriste, qui sait ?

Mais au moins, il a appris à faire la différence entre les artifices du style et le fait d'avoir du charisme pour être populaire. Au moins, il est sûr aujourd'hui que ses proches sont avec lui pour la personne qu'il est, et pas pour la marque de ses fringues.

C'est enregistré ?

CHECK & CHAT !

Le chat est charismatique
Le chat est beau… et il le sait !
Le chat est au centre de toutes les attentions

Et si pour attirer les autres,
être aimé·e et populaire,
il te suffisait de cultiver tes atouts,
ton habileté, tes talents ?
Ne serait-ce pas plus efficace
que de cumuler tous les artifices
et de faire semblant ?
Même si on n'a jamais « trop
de style », il ne faut pas confondre
le comportement avec le style,
en gros ne pas confondre être
et paraître. Tu n'en seras
que plus heureux·se !
Chat, c'est dit.

Style ou charisme ?

PASSE EN MODE CHAT !

À ton stylo… Réponds honnêtement à ces questions, et reviens-y au fil de ta lecture, car certaines choses apparaîtront tranquillement, même si tu ne les vois pas encore aujourd'hui.

- Quels sont tes talents, tes dons, ton petit truc personnel ?

………………………………………………………………………………

- Y a-t-il quelque chose qui te rend différent·e des autres ?

………………………………………………………………………………

- Sur quoi peux-tu t'appuyer pour attirer les gens naturellement, et ainsi développer ton charisme et ta popularité ?

………………………………………………………………………………

- Comment travailler tes atouts et les mettre en avant pour renforcer ta personnalité ?

………………………………………………………………………………

Et ne me dis pas « J'en sais rien ! » ou « Je n'en ai pas ! », sinon je viendrai personnellement m'occuper de ton cas !
On a tous et toutes un petit truc, un petit talent qui fait tout notre charme. À toi de le chercher, de le découvrir et de le cultiver !

ZIGGY

#3 - TROP TIMIDE ? CHAT VA CHANGER !

Dans ce petit groupe, j'ai une tendresse toute particulière pour Lili. Elle a les cheveux longs et une mèche qui tombe sur son visage, comme si elle essayait de cacher un peu ses yeux.

Parmi les autres, elle est souvent celle qui parle le moins. Souriante, mais légèrement en retrait.

Lili rougit facilement, Lili dit toujours oui à ce que lui proposent ses ami·e·s... même si, je le vois bien, ça ne l'emballe pas forcément.

Elle marche avec les pattes un peu rentrées à l'intérieur, et quand elle est assise sur le banc dans le square, elle a le visage enfoncé dans sa grosse écharpe.

Lili aime bien passer des heures à écouter de la musique avec ses écouteurs, quand autour d'elle le monde bouge et s'anime. Un monde avec lequel je sens qu'elle aimerait plus souvent partager, si seulement...

APPRENDS À T'IMPOSER !

« La plupart des chats ne sont pas timides quand vient le temps de montrer ce qu'ils veulent. »
Karpen Duprey

Depuis la rentrée, Lili n'est plus dans le même collège que les jeunes de la résidence. J'ai donc décidé de la suivre à l'école ce matin, pour voir comment elle s'est adaptée à son nouvel environnement.
L'heure de la récréation sonne. Caché au milieu d'une touffe de lavande, j'attends qu'elle sorte. Les portes s'ouvrent et je vois Lili qui marche dans la cour, quelques mètres derrière un groupe de filles. Celles-ci s'assoient sur des marches et commencent à discuter. Lili ralentit près d'elles mais ne s'arrête pas, met ses écouteurs et poursuit sa promenade. Elle arrive à ma hauteur.
– Pssst, Lili ! Pssst ! Ça va ?
– Oui, ça peut aller...

– Tu es toute seule ?
– Non, non, c'est juste que... je voulais être un peu tranquille...
– Mouais... Tu es comme toutes ces personnes qui, trop timides, n'osent pas aller vers les autres ! Elles avaient l'air sympas, ces filles que tu suivais !
– Oui... mais... c'est pas si simple. Je ne connais personne ici. L'an dernier, j'étais avec tous les autres, mais depuis que mes parents m'ont inscrite dans ce collège...
– Je comprends ! Une fois, Stéphane m'a collé dans une colonie de vacances pour chats parce qu'il ne pouvait pas m'emmener avec lui.
– Et ça s'est passé comment ?
– GÉNIAL !! Je me suis fait plein de nouveaux potes !
– Ah bon ? Comment tu as fait ? Ça a été vite ?
– Quand je suis arrivé dans la colonie, certains groupes de chats étaient déjà formés. J'étais le dernier. Je me suis alors pointé vers l'un d'entre eux, et j'ai dit aux trois chats : « Salut, les gars, moi, c'est Ziggy, je viens d'arriver. La gamelle, c'est à quelle heure dans cette colo ? Parce que je ne sais pas vous, mais moi, j'ai une dalle d'enfer ! » Le plus balaise m'a répondu : « Ici, c'est open bar, et à toute heure ! Mais là, on attend les friandises. Ici, c'est justement le bon spot pour être servi en premier ! Tiens, regarde, elles arrivent ! »
– Et du coup ?
– Du coup, je suis resté avec eux, je les ai remerciés pour l'accueil, les renseignements et le truc des friandises, et quelques jours plus tard je leur ai montré un trou dans le grillage pour faire le mur discrètement la nuit. Échange de bons procédés !

– Je ne vais quand même pas leur demander l'heure de la cantine… souffle Lili.

– Il faut que tu trouves un sujet commun à vous toutes, un truc que vous partagez et qui va leur plaire. Nous, les chats, c'est la bouffe ! Après, il te suffira d'aller les voir pour les interroger. En leur posant ta question, tu leur donnes de l'importance, car tu leur fais comprendre qu'elles, elles savent ! Et tu verras, elles auront envie de t'aider.

– Tu crois ?

– Tout à l'heure, tu as hésité à te joindre à elles parce que tu ne savais pas comment les aborder. Trouve quelque chose à leur demander qu'elles aiment, le reste se fera tout seul, crois-moi.

– Je vais y réfléchir…
– Accorde-leur ta confiance, et à leur tour elles t'accorderont la leur. Mais c'est à toi de faire le premier pas. Allez, on se voit plus tard, tu me raconteras.

Le lendemain soir, avant que les autres n'arrivent, j'ai retrouvé Lili dans le square, tout sourire.
Elle avait l'air contente, et avait glissé sa mèche de cheveux derrière l'oreille.
Elle m'a dit qu'elle avait trouvé une astuce toute simple pour aller voir le groupe de filles : son téléphone n'avait plus de batterie et elle attendait un message SUPER important ! Tu imagines l'angoisse ? Pour elle comme pour toutes

ces filles qui ne supporteraient pas que cela leur arrive! L'une d'elles lui a prêté un chargeur, et du coup elle s'est installée dans ce petit groupe, le temps de charger son téléphone pendant la récréation.

En demandant un petit service, elle avait valorisé cette jeune fille, qui depuis hier était devenue une copine. À elle, à présent, de cultiver ces premiers liens, de partager à son tour, pour que ce premier contact se transforme en amitié.

Même en tant que chat, ce genre de truc avec les humains, ça marche! Quand je veux quelque chose, je me plante devant Stéphane et je réclame. C'est aussi ça, s'imposer: aller au-devant, demander ce qu'on veut et insister!

CHECK & CHAT !

Le chat sait s'imposer
Le chat accorde sa confiance

Aller au-devant des autres n'est pas si compliqué. Il te suffit de faire le premier pas et de partager ce qui peut vous réunir.
Ta timidité est parfois ton seul ennemi, quand les autres ne se rendent même pas compte que tu n'oses pas aller vers eux.
Ce ne sont pas les autres qui ne veulent pas t'accueillir, mais toi qui n'oses simplement pas faire le premier pas.
La plupart des gens sont ouverts à la nouveauté, aux nouvelles rencontres. À toi de créer l'occasion pour t'imposer, te faire de nouveaux et de nouvelles ami·e·s, et leur accorder ta confiance, comme Lili !
Aller vers les autres : chat s'impose et chat en impose !

Apprends à t'imposer !

PASSE EN MODE CHAT !

À toi de jouer ! Réponds à ces quelques questions, maintenant ou plus tard !

- Que ressens-tu devant des gens que tu ne connais pas ?

....

- Vas-tu spontanément vers de nouvelles personnes ou attends-tu qu'elles viennent à toi ?

....

- Qui prend naturellement la parole dans ton groupe d'ami·e·s ? Et toi, quand aimes-tu parler ? Quand aimes-tu écouter ?

....

- Que pourrais-tu faire pour te créer de nouvelles amitiés ?

....

- Dans ton entourage, y a-t-il une personne qui a l'air un peu seule ? Que pourrais-tu lui dire pour faire sa connaissance ?

....

Nous avons tous et toutes un peu tendance à ne pas aller vers les autres, alors qu'en osant, chat pourrait être si simple !

ZIGGY

#4 - S'ACCEPTER ? CHAT VA COMME UN GANT !

L'attitude de Dorian balance sans arrêt entre la fierté assurée, les bravades, et un état plus effacé ; c'est comme s'il jaugeait ses camarades, et modifiait son comportement sans arrêt en fonction de leurs dires et de leurs réactions.
Dorian passe son temps à s'adapter, comme s'il n'était pas sûr de ce qu'il pensait, de ce qu'il disait. Je crois en réalité, à l'observer, qu'il n'a jamais confiance en lui, et qu'il ne s'aime pas, tout simplement.
Oui, j'ai le sentiment que Dorian a peur de ce qu'on va penser de lui, et qu'il ne cesse de faire attention à ce qu'il dit afin que cela corresponde à ce que les autres pensent... Pour être accepté... Du moins, c'est ce qu'il croit...

QU'EST-CE QU'ON VA PENSER DE TOI ?

« On n'échappe pas à sa vraie nature. »
Garfield

Je me suis arrangé pour attraper Dorian au vol, au goûter, avant les retrouvailles de fin de journée avec sa bande. Juste pour récupérer quelques morceaux de brioche. Nul n'est ennemi de ses propres intérêts.
Toc-toc à la fenêtre, et Dorian dégustant ses gourmandises vient m'ouvrir.
– Salut, Ziggy !
– Salut, Dorian !
– Non : Dori ! J'aime pas « Dorian ».
– Ah oui, c'est vrai ! Mais tu sais que Dorian est le diminutif du prénom Théodore chez les Anglais ?
– Ah bon ?

– Théodore, qui vient des mots grecs theos, signifiant « dieu », et doron, se traduisant par « cadeau ».
– Et alors ?
– Eh bien, à ta place, je préférerais qu'on m'appelle « cadeau de dieu » plutôt que « Dori » comme un doryphore ! Mais c'est toi qui vois !
– Tu as sûrement raison... dit Dorian
– Et voilà, tu es tombé dans le panneau !
– De quoi tu parles ?
– Même si c'est vrai sur l'origine de ton prénom, je n'ai aucune leçon à te donner sur la manière dont tu préfères qu'on t'appelle. Si tu préfères Dori, alors va pour Dori ! Personne n'a rien à dire là-dessus.
– En vrai, j'aime bien Dorian, mais on m'a dit que c'était has been comme prénom...
– Et alors ? Quand certaines filles me prennent dans les bras en chantant : « Ziggy, il s'appelle Ziggy, c'est un garçon pas comme les autres...[1] » en tentant d'imiter Céline Dion, crois-moi, ça pique ! Alors que moi, j'incarne le Ziggy Stardust de David Bowie ! Mais si ça peut leur faire plaisir, après tout... ça ne me dérange pas. Pourquoi devrais-je tenir compte de la manière dont on me voit ? Je sais qui je suis, et j'aime ça ! C'est comme pour tes chorégraphies !
– Quelles chorégraphies ?
– Celles que tu fais le soir dans ta chambre...
– Je ne fais pas de chorégraphies !

[1] « Un garçon pas comme les autres (Ziggy) », de la comédie musicale Starmania.

– Arrête, je t’ai vu ! Il n’y a pas à avoir honte de ça. Si tu aimes danser, danse.

– Ce n’est pas de la danse, c’est du hip-hop !

– Alors pourquoi est-ce que tu te caches ? C’est top, le hip-hop, tu devrais en parler à Erwan...

– Il en fait ?

– Des chorés ou du hip-hop ? Tu lui demanderas.

– Je n’ai pas envie que les autres se foutent de moi...

– Il n’y a aucune raison. En tout cas, Erwan, lui, il n’en a rien à faire. Il adore danser et il cartonne le mercredi soir à la salle du centre culturel ! Je passe souvent les voir.

– Les voir ?

– Ils sont toute une équipe et ils s’éclatent ! Et crois-moi, ils se moquent vraiment de ce qu’on peut penser d’eux. Tu m’accompagnes ce soir pour jeter un œil ?

– Ça marche !

Alors que Dorian rejoignait sa fine équipe, j'ai entendu Mat lui dire : « Salut, Dori ! », Dorian lui a répondu : « Sérieux, j'ai une tête de doryphore ? »

Le soir même, nous nous sommes rendus à la salle où s'entraînent Erwan et ses amis. À travers la fenêtre, Dorian les a observés un temps faire des figures. Il avait les yeux qui brillaient, il trépignait d'envie. Je me suis alors levé sur mes pattes arrière en tapant contre la vitre et en tentant de mimer leurs gestes. Même si je ne suis qu'un piètre danseur, les garçons m'ont remarqué et se sont approchés en riant pour nous ouvrir.

– C’est génial, ce que vous faites, a dit Dorian.
– Tu veux essayer ? a répliqué Erwan.
– J’en fais un peu...
– Sérieux ? Cool ! Vas-y, montre-nous !

Dorian s’est retourné pour me faire un clin d’œil, je les ai regardés, Erwan et lui. Dorian était en train d’accepter la personne qu’il était vraiment. Dorénavant, il ne se cacherait plus pour faire ce qu’il aime. En assumant ses goûts et ses passions, c’est la personne qu’il est vraiment qu’il se met à accepter et à aimer entièrement.

CHECK & CHAT !

Le chat est hermétique au jugement
Le chat s'accepte tel qu'il est, le chat s'aime

Se chercher des airs, s'adapter à tout et à tout le monde… C'est souvent oublier qui on est réellement. En te souciant en permanence de ce qu'on va penser de toi, tu t'obliges à faire des choses qui ne te conviennent pas. Au risque de ne pas faire ce que tu aimes, ou de ne pas être la personne que tu es vraiment. Le jugement des autres n'a aucune importance tant que tu restes fidèle à toi-même, à tes goûts, à tes plaisirs, à tes centres d'intérêt. Pourquoi vouloir enfiler un autre costume quand le tien te va si bien ?

Qu'est-ce qu'on va penser de toi?

PASSE EN MODE CHAT!

- T'arrive-t-il de ne pas dire ce que tu penses? Quand?

....

....

- Y a-t-il certaines choses que tu ne fais pas de peur qu'on se moque de toi?

....

- Demandes-tu souvent l'avis des autres avant de décider quoi que ce soit? De qui?

....

- Comment ton entourage influence-t-il ta manière de t'habiller, tes activités, tes choix?

....

....

Finalement, aimes-tu la personne que tu es vraiment ? En quoi est-elle différente de la personne que tu montres dans tes comportements ?

Nous vivons tous au milieu de groupes, et le jugement des autres sur ce que nous faisons ou disons peut avoir beaucoup d'importance à nos yeux.
S'il faut savoir écouter les conseils et les avis, jamais le regard des autres ne doit dicter tes envies.
Personne ne sait mieux que toi ce qui peut te rendre heureux·se.
Le chemin le plus simple pour t'aimer est d'accepter qui tu es et d'agir en ce sens, et, crois-moi, chat fait du bien !

ZIGGY

#5 - T'INQUIÈTE ! CHAT VA MARCHER !

Il est très tard quand je passe devant la maison de Chloé. Normalement, à cette heure-ci, je suis presque le seul à veiller. Et pourtant, ce soir, la fenêtre de sa chambre est éclairée.

Je saute sur les toits et je vais voir pourquoi elle ne dort pas encore, elle qui habituellement est une vraie marmotte.

Je m'assieds sur le rebord de fenêtre. Chloé est à son bureau, elle secoue la tête, se frotte les yeux et tout à coup je l'entends dire alors qu'elle prend sa tête entre ses mains : « Je n'y arriverai jamais. »

Que se passe-t-il ?

Y ARRIVER OU PAS ?

« Les chats ? Chat ose tout !
C'est même à chat qu'on les reconnaît ! »
Michel Audiard revisité

Alors que je la vois se coucher à son bureau sur ses cahiers, j'émets un petit miaulement (afin de ne pas réveiller la maison) pour qu'elle vienne m'ouvrir.

– Salut, Chloé ! Que fais-tu encore debout à cette heure-ci ?

– Je révise… J'ai un exposé à faire demain devant toute la classe et…

– Tu as le trac ?

– Je suis morte de trouille. Je déteste parler devant les gens. Je vais être nulle, ça va être la cata.

– Vraiment ?

– Déjà à l'école primaire, quand je devais réciter une poésie au tableau, je devenais toute rouge au bout de quelques secondes et je finissais en pleurant… C'était insupportable…

– Je comprends… Mais ça n’arrangera rien de ressasser ton exposé toute la nuit sans dormir : tu le connais déjà par cœur.
– Peut-être, mais… je ne sais pas quoi faire pour demain…
– Tu sais, quand je chasse une souris, je ne me demande jamais si je vais parvenir à l’attraper ou non.
– Quel rapport ?
– La différence, c’est que je SAIS que je vais l’attraper, je n’ai pas le moindre doute là-dessus. Même si ça peut prendre plus de temps et d’énergie que prévu.
– Et moi, je SAIS que je vais me planter demain.
– Si tu penses cela, c’est certainement ce qui arrivera. Tu as une mauvaise image de toi, et en plus une image fausse, car quand je t’entends parler devant la bande tu n’as pas l’air timide la moindre seconde. Alors quelle différence avec ton exposé de demain ?
– C’est pas pareil…
– C’est exactement la même chose, au contraire ! Imagine que c’est devant tes camarades que tu fais ton exposé – d’ailleurs tu es dans la même classe que Léa, je crois ?
– Oui…
– Alors demain, oublie que tu es devant ton professeur et les autres, et regarde-la comme si tu ne t’adressais qu’à elle, comme tu le ferais en dehors de l’école.
– Tu crois que ça peut marcher ?
– Ça marche ! Répète après moi : je SAIS que demain je vais cartonner à l’oral !
– Je sais que demain je vais cartonner à l’oral.
– OK, c’est pas mal, tu répéteras ça tout à l’heure avant de

t'endormir. Maintenant, je vais te donner un vieux truc de yoga du chat, question zénitude, on se pose là.

– Je t'écoute.

– Demain, avant de commencer ton exposé, respire profondément, calmement, pour ne pas être débordée par ton émotion et pour rester concentrée, comme moi quand je guette devant un trou de souris. Puis commence ton exposé tranquillement, comme si tu étais chez toi devant ce tableau. Regarde ton amie. Les premiers mots passés, tu auras oublié les autres et tu te sentiras à l'aise, presque excitée par ce que tu vas lui raconter.

– Je me vois bien devant ton trou de souris ! dit-elle en riant.
– Oui, Chloé, c'est ça ! Considère cet exposé comme un jeu. Il n'y a rien de grave ni de dramatique, c'est juste un exercice au cours duquel tu vas te découvrir de nouveaux talents. Tu crois que je n'avais pas le trac lors de mes premières chasses ? La première fois que j'ai vu un rat, tout petit, je n'en menais pas large, crois-moi. Il m'a suffi du premier coup de patte, du premier pas, pour comprendre que je pouvais l'attraper, et qu'en plus j'aimais ça !
– Je vais essayer ça demain...
– À présent, il faut que tu te sortes cet exposé de la tête. Sinon, il va tourner en boucle toute la nuit, et tu ne vas pas dormir. Je t'écoute.
– Tu veux que je te le lise ? Sérieux ?

– Exactement comme tu le feras demain, afin que tu perçoives ta voix et que tu ne craignes plus de t'entendre. Ainsi, tu auras confiance en toi.

Quand je me suis approché de la joyeuse bande le lendemain au square, j'ai entendu Chloé leur raconter qu'elle avait décroché un 18/20 à son exposé. Greg lui a demandé : « Mais comment tu as fait ? », et Chloé a répondu : « Je SAVAIS que j'allais cartonner à l'oral ! »
Je me suis arrêté dans un buisson, elle leur parlait de ma visite d'hier. J'ai souri. Mais le plus beau, c'est qu'elle s'est mise à partager avec eux les quelques trucs pour se sentir à l'aise et lutter contre le trac en public que je lui avais donnés.

CHECK & CHAT !

Le chat a confiance en lui
Le chat est à l'aise en toute situation

C'est vrai, le premier pas coûte,
mais seul le premier pas compte,
seul le premier pas te fera grandir.
Ne crains jamais d'oser, et d'affron-
ter autant que possible tout
ce qui te fait peur.
La confiance en soi est
un apprentissage qui se développe
comme un cercle vertueux.
Plus tu oseras aller vers
ce qui t'inquiète, plus tu seras
à l'aise dans n'importe quelle
situation par la suite.
C'est presque magique!
Pour réussir, encore faut-il oser!
Mais chat me rassure, car
je SAIS que tu vas cartonner!

Y arriver ou pas ?

Passe en mode chat !

T'arrive-t-il de te faire une montagne de tout ? Qu'est-ce qui te fait t'inquiéter ?

....

Raconte une excuse que tu as inventée pour ne pas faire une activité parce que tu craignais de ne pas réussir.

....

Dans quelle situation n'aimes-tu pas te retrouver ?

....

Généralement, as-tu l'impression d'être très à l'aise ? Avec tout le monde ? Sinon, quels sont les moments où tu ne te sens pas complètement bien ?

....

À ton avis, y a-t-il des domaines où tu pourrais avoir plus confiance en toi ? Lesquels ? Et que pourrais-tu faire pour développer plus d'assurance ?

....

Selon les situations, nous avons plus ou moins d'assurance ou de stress. Toi aussi tu peux acquérir plus de confiance en toi dès aujourd'hui, en osant.
Il n'est rien que tu ne puisses surmonter. Ce que tu vois peut-être aujourd'hui comme une montagne te paraîtra demain n'être qu'un petit rocher sur lequel tu auras grimpé juste pour dire : Chat va rouler !

ZIGGY

#6 - ENFIN LIBRE ? CHAT VA PAS TARDER !

À un certain âge, passer ses samedis après-midi avec «mamie-qui-pique» n'est pas amusant : Florian, en train de bouder, les yeux plantés sur son écran de portable, n'échappe pas à la règle.

Florian aime être tranquille. Il est un peu plus indépendant que les autres, mais il n'a pas encore l'âge de voler de ses propres ailes.

Il rêve sans arrêt de demain, quand il sera plus grand, majeur... Quand, comme il le pense, il pourra faire tout ce qu'il veut, contrairement à aujourd'hui...

Mais en pensant en permanence à ce qu'il vivra plus tard, n'est-il pas un peu en train de passer à côté de sa vie ?

Existe-t-il un moyen pour qu'il gagne dès maintenant un peu de la liberté qu'il aura demain ? Pour être un peu plus heureux aujourd'hui ?

VIVEMENT LA MAJORITÉ, POUR FAIRE CE QU'ON VEUT !

« On m'a dit que former un chat était difficile.
Ce n'est pas le cas. Le mien m'a formé en deux jours. »
Bill Dana

Les parents de Florian tiennent un commerce dans le centre-ville, et comme ils travaillent le samedi, quelqu'un de sa famille vient chaque semaine passer la journée avec lui.

Il n'est que dix heures du matin, et déjà Florian est sorti de la maison. Il attend, assis sur les marches, espérant qu'à tout hasard un copain passe. Il s'ennuie, il soupire, une mission pour moi !

– Salut, Flo ! Tu as la tête de ton samedi « mamie-qui-pique » !

– Salut, Ziggy ! M'en parle pas, c'est presque ça... C'est mon samedi « tatie vegan » ! Un beau week-end brocoli en perspective !

– Bah, ça te fera une moyenne avec les burgers et les kebabs de la semaine ! C'est pas si grave.
– Non, mais c'est juste que je voudrais être un peu tranquille chez moi, sans personne sur le dos. J'ai passé l'âge d'avoir une nounou.
– J'en suis sûr, mais il faut comprendre tes parents, tu es encore jeune. Ils s'inquiètent de ne pas être là pour s'occuper de toi.
– Ils me prennent pour un bébé !
– Ça me rappelle ma mère quand j'étais chaton. Chaque fois que je voulais m'éloigner un peu trop du panier, hop, elle m'attrapait par la peau du cou et retour au bercail. Idem pour ma sœur Shann. Elle lui a même cisaillé les moustaches une fois pour qu'elle arrête de partir.
– Ah bon ?
– T'inquiète, ça repousse ! Pour autant, ne le fais jamais à un chat adulte, car sans moustaches on ne peut plus se diriger correctement. Mais pour notre mère, c'était un moyen de nous garder près d'elle, le temps qu'on grandisse et qu'on apprenne ne serait-ce qu'à manger.
– C'était un peu à la dure quand même !
– Juste pour notre bien. Si elle n'avait pas été là pour nous encadrer au départ, pour sûr qu'avec ma frangine on aurait eu des problèmes.
– Mais à un moment elle vous a laissé faire ce que vous vouliez, non ?
– Oui, mais d'abord elle nous a accompagnés. Elle nous a fait découvrir notre territoire, ses limites, jusqu'où on pouvait aller en toute sécurité. Et puis, elle nous a appris

à chasser pour nous nourrir, à nous défendre. Sans elle, comment aurais-je su que vos voitures étaient dangereuses pour moi ?

– Mais c'est bon, maintenant je sais me débrouiller pour tout ! Tu vois, dans l'idéal, aujourd'hui, j'aurais bien aimé me cuisiner un vrai burger maison.

– Je suis sûr que tu es capable de t'occuper de toi, Florian, mais comment tes parents peuvent-ils le savoir ?

– Je le leur ai dit !

– Et ils doivent te croire ? Sur parole ?

– C'est ça, la confiance, non ?

– Tu sais ce que dit le grand maître chat : « La confiance se gagne et le respect se mérite. »

– C'est-à-dire ?

– Si tu veux que tes parents te fassent confiance, il faut que tu leur donnes des preuves. Les mots ne suffisent pas. Tu veux leur montrer que tu sais cuisiner sans mettre le feu à la maison ? Fais-leur tes super burgers quand ils sont là !

– C'est pas bête, ça...

– Mais attention : tu dois tout faire de A à Z, pendant qu'eux se reposeront. Il ne s'agit pas que du simple plaisir de cuisiner, mais de leur montrer que tu es responsable. Ça veut dire faire les courses, la préparation, la mise en place de la table, le rangement de la cuisine, etc.
– Et après je pourrai faire tout ce que je veux ?
– Ce serait un peu trop facile, tu ne crois pas ? Il faudra que tu leur prouves de différentes manières que tu es digne de confiance : que tu sais vider les poubelles, faire ta lessive, changer tes draps... Bref, que tu sais t'occuper de toi, et peut-être même des autres...
– Je vois... Je dois leur donner des preuves de confiance...
– C'est ça. Tu ne peux pas être complètement libre du jour au lendemain, cela se fera petit à petit. Et crois-moi, ce n'est pas plus mal ! Tu as tout ton temps... Les humains parlent souvent de « responsabilisation » avec leurs enfants, mais comme on dit chez nous, il faudra que tu montres « patte blanche ».

La semaine suivante, je suis repassé devant la maison de Florian. À ma grande surprise, il n'était pas sur les marches devant chez lui.
Comme il me l'a expliqué par la suite, il avait eu une idée de génie : organiser une petite fête barbecue surprise le samedi soir, pour ses parents. Et pour cela, il avait juste eu besoin de l'aide de son cousin un peu plus âgé, avec qui il s'était occupé de tout.
Pour gagner sa liberté, Florian est en train de gagner la confiance de ses parents. Et je ne serais pas étonné que pour les samedis à venir il puisse se cuisiner ses burgers et s'occuper de lui, et le tout sans brocoli !

CHECK & CHAT !

Le chat est libre

Être libre a ses avantages,
mais demande aussi d'assumer
ses responsabilités. Et pour cela,
rien ne vaut l'exemple.
Pour que tes parents te laissent
petit à petit plus d'autonomie,
il faut que tu tiennes tes promesses
et que tu respectes tes engagements
vis-à-vis d'eux.
Quand ils te demandent
quelque chose pour les aider,
fais-le, et fais-le bien, ainsi
tu leur montres d'une part
qu'ils peuvent compter
sur toi, d'autre part que tu sais
te débrouiller sans leur soutien.
Tu pourras alors à ton tour leur
demander plus d'autonomie,
de liberté dans ta vie. Ils sauront
qu'ils peuvent te faire confiance,
car tu le leur auras prouvé.
Être libre se mérite au fil
des années, alors t'inquiète,
chat viendra bien assez vite !

Vivement la majorité !

PASSE EN MODE CHAT !

Pour être plus autonome, à toi de jouer maintenant !

- Aimerais-tu avoir plus de liberté ? Pouvoir faire des activités sans tes parents pour te surveiller ? Quoi, par exemple ?

....

- Perds-tu souvent tes affaires ? Es-tu tête en l'air ? Finis-tu la baguette avant le repas familial ? Cite ce que tu peux améliorer pour montrer que tu n'es plus un gamin, une gamine.

....

- Que fais-tu de l'argent que tu reçois pour ton anniversaire ? Le dépenses-tu d'un coup pour te faire plaisir ? Ou sais-tu en garder pour le dépenser plus tard ?

....

- T'est-il déjà arrivé de ne pas tenir tes promesses avec tes parents : rentrer à l'heure demandée, participer aux tâches de la maison, acheter le pain, téléphoner à un oncle... ? Penses-tu que cela a eu des conséquences négatives pour toi par la suite ?

....

À tout âge, nous sommes responsables de ce que nous faisons. Toute action entraîne une réaction, bonne ou mauvaise suivant ce qu'on a fait.
À toi de prouver que tu es à la hauteur de ce que tu demandes.
La liberté, chat se mérite, mon grand !

ZIGGY

#7 - PASSER SUR OFF ? CHAT PLAÎT DE FOU !

Miss Pâquerette, je l'adore! Emma, l'hippie chic, a ce talent de sourire constamment. Chaque jour, elle porte des tenues colorées avec des motifs, des fleurs... En bref, un vrai rayon de soleil!

Seul problème, elle passe sa vie sur son portable. Seule, avec ses potes, à table avec ses parents, en cours sous le bureau, à la cantine, dans le bus, le matin, le soir, le week-end... Tout le temps.

Indécollable de l'écran! Même ses ami·e·s, qui font pourtant la même chose, finissent par lui demander de décrocher de son portable de temps en temps.

Et si la vie pouvait se passer autrement qu'entre deux live chat et trois selfies? On tente l'expérience juste pour se détendre? Et voir si, à tout hasard, la vie existe encore en dehors de l'écran?

ET SI ON PROFITAIT DE LA VIE ?

« Vous ne pouvez pas regarder un chat qui dort et vous sentir tendu. »
Jane Pauley

Dimanche matin, alors qu'Emma a les yeux qui tombent de sommeil pendant qu'elle touille son chocolat sur la terrasse, je saute sur la table.

– Salut, miss ! Ouh ! Toi, tu as encore eu une petite nuit ! Couchée tard ?

Son téléphone bipe, elle soupire en ouvrant sa messagerie.

– Oui, un peu...

Pendant quelques minutes, elle disparaît derrière son écran en bâillant. Je viens me frotter contre elle, rien n'y fait, elle ne me voit pas.

– Ouh ouh ! Emma ! Ça te dirait, un petit test ?

– Un test sur quoi ? Attends, deux secondes, j'ai un message...

Cinq minutes plus tard.
– Alors ça te dirait, un petit test ?
– Un quoi ?
– Ça te dirait de passer la journée avec moi ? Et de tout faire comme moi ?
– Pourquoi ?
– J'ai remarqué un truc : quand tu lèves les yeux de ton écran, tu souris automatiquement. Et quand tu retournes dessus, tu te renfermes aussi vite. Je me demande si ton portable te rend si heureuse que ça...
– C'est Benji, il est relou avec ses messages toutes les deux secondes...
– Fais comme pour la télé : quand c'est nul, éteins-le simplement.
– Moui, peut-être... C'est quoi, ton programme ?
– Découvrir l'art de vivre des chats.
– Manger, jouer et dormir ? On est dimanche, je devrais m'en sortir ! dit-elle en riant.
– Je te propose une journée zen, sans ce truc greffé à ta main, juste pour voir si tu en es capable...
– Sans mon portable ?
– C'est vital ?
– Non, mais j'attends des messages...
– Tu pourras les lire plus tard.
– Alors ? C'est quoi, l'art de vivre du chat ?
– C'est d'abord penser à soi et cultiver son bien-être. Quand tu es scotchée à ton portable, c'est la vie des autres que tu partages, une vie par procuration, pas la tienne.
– Ben si, c'est ma vie !

– C'est une image de ta vie projetée dans un monde virtuel, ce n'est pas pareil.
– Ça va, ce n'est pas une drogue quand même !
– Tant qu'il n'y a pas d'abus, ce n'est pas dangereux. Le portable, c'est même très utile. Mais il ne faut pas que ça devienne une addiction. As-tu entendu parler de la nomophobie ?
– Non ?
– C'est la peur de se retrouver sans portable à portée de main, au point d'avoir des troubles physiques, des crises d'angoisse.
– T'es sérieux ?
– Très ! Et apparemment, ça arrive sans qu'on s'en rende compte. Alors aujourd'hui, on passe sur off, OK ?
– On commence par quoi ?
– Depuis quand n'as-tu pas fait une petite sieste dans le hamac du jardin, pour te poser un instant ?
– J'y vais jamais...
– Alors tu vas commencer par ça, pour te remettre de ta nuit blanche.
– Je vais envoyer un dernier message pour les prévenir que...
– Pour leur dire que tu n'es pas disponible ? Mais si, tu l'es ! C'est bien ce que je veux te démontrer ! Tu l'es dans la vie réelle. Et si en guise de dernier message du jour tu invitais tes copines à partager un de tes ateliers de création de bijoux, comme tu adores le faire ?
– Ça, c'est une grande idée !

En fin de journée, j'ai emmené Emma contempler le coucher de soleil sur la mer, depuis la petite colline.
C'est l'heure à laquelle normalement elle écrit son journal intime.
Quel meilleur endroit pour laisser aller ses pensées, ses idées ?... Quel meilleur moment pour se baigner dans la douceur de la vie, loin des sonneries, pour mieux se retrouver ?

CHECK & CHAT !

Le chat sait prendre le temps de vivre
Le chat sait se reposer, il aime dormir
Le chat aime le calme

Trop de temps passé sur ton portable, c'est trop de temps passé à côté de ta vie. Il ne s'agit pas d'arrêter de l'utiliser – il faut avouer que c'est souvent bien pratique et bien utile –, mais, juste de temps en temps, de le poser. Trois heures, une journée, une semaine… Savoir décrocher, c'est faire un choix simple entre être vraiment là, disponible, ou être absent·e un peu partout. Être à 100 % dans le présent ou s'éparpiller dans l'espace. Et si tu profitais de la vie ? Se mettre sur off, prendre le temps de vivre, redécouvrir le monde qui t'entoure dans sa beauté, son calme, chat berce et chat fait du bien !

Et si on profitait de la vie ?

PASSE EN MODE CHAT !

Lâche ton portable et réponds aux questions suivantes.

- T'arrive-t-il de te sentir fatigué·e quand tu te lèves ? As-tu encore envie de dormir le matin ?

....

....

- Le soir, jusqu'à quelle heure utilises-tu ton téléphone pour jouer, regarder des vidéos ou discuter avec tes proches ? Cela influe-t-il sur ton sommeil, ta fatigue, ton énergie le lendemain ? Comment ?

....

....

....

- Quand poses-tu ton téléphone dans la journée ? T'arrive-t-il de le laisser loin de toi ? As-tu déjà essayé de sortir de la maison sans lui pour la journée ?

....

Y a-t-il une activité que tu aimes faire sans ton téléphone ? Laquelle ? Et pourquoi ?

Stresses-tu chaque fois qu'une alerte retentit ? Ou, au contraire, paniques-tu un peu quand aucun message n'arrive ? Dans quelles situations ?

Le portable est un outil magique… Encore faut-il en rester le maître, pour ne pas en devenir l'esclave ! *
Oh ! Chat a raccroché !

ZIGGY

* Sur ce sujet, tu peux lire : *Off. Ta vie commence quand tu raccroches*, Les Éditions de l'Opportun, 2018

#8 - AVEC LES POTES ? CHAT ROULE !

Charly sans sa bande de copains et copines, ce n'est pas tout à fait Charly. D'ailleurs pour les autres de la bande, c'est un peu la même chose.

Il leur faut tout faire ensemble, et partager chaque instant de leur vie.

Il est vrai qu'on se construit grâce à ses amitiés. On est solidaire, on se protège. C'est une nouvelle famille, on appartient à un groupe, et on n'est jamais seul.

Mais à l'instant où je vous parle, Charly, qui n'a pas eu cours cet après-midi, tourne en rond dans le square en attendant ses ami·e·s.

UNE BANDE DE POTES, C'EST LE TOP !

« Les chats prétendent être domestiqués s'ils pensent qu'il y a un bol de lait pour eux. »
Robin Williams

– Salut, Charly !
– Tiens Mister Matou, comment ça va aujourd'hui ?
– Ça roule ! Pas le temps de m'ennuyer !
– T'as de la chance. Moi, cet après-midi, c'est la lose, il n'y a personne, ils sont tous encore en cours.
– Et alors ?
– Ben alors je n'ai rien à faire, c'est long.
– T'es sérieux ? Tu n'as plus de bras, de jambes, de tête quand ils ne sont pas là ?
– Si, mais tu vois ce que je veux dire... C'est pas pareil de faire des trucs tout seul...
– Appartenir à une bande, c'est génial. Je me rappelle, dans

la première maison qu'on habitait, avec ma sœur Shann, à Torcieu, une jeune femme était venue habiter avec Stéphane. Elle avait débarqué avec un camion de meubles et cinq chats ! Au départ, on ne voulait pas partager notre territoire, Shann et moi. Mais finalement c'était plutôt sympa de se retrouver en meute comme ça. Du coup, on avait pris le pouvoir sur tous les autres chats du village !

– Sept chats comme toi, il devait y avoir de l'ambiance.

– Pas « comme moi » ! Nous étions différent·e·s, avec notre style, notre caractère et nos envies du moment. Il y avait notre groupe, notre meute, mais avant tout il y avait chaque personnalité, chaque chat, unique, autonome et indépendant.

– Comme nous dans la bande, quoi...

– Pas tout à fait, Charly. Votre bande est super, mais j'ai quelquefois l'impression qu'elle prend trop de place dans votre vie. Regarde, tes potes ne sont pas là, et tu ne sais pas quoi faire de tes dix doigts. Bizarre, non ? Il est où, Charly, sans sa bande ?

– Ben oui, mais c'est moins drôle quand je suis seul.

– Ça dépend. Toi qui adores la guitare, par exemple, tu as commencé à prendre des cours depuis quelques mois, non ?

– Oui... Où tu veux en venir ?

– Quand tu es avec les autres, tu n'as pas envie, ou tu n'as pas le temps, de t'entraîner à faire tes gammes. Je me trompe ?

– Je ne vais pas les saouler avec mes gammes, c'est déjà pénible à faire, alors à écouter...

– Et pourtant tu as envie de savoir jouer comme un pro.

– Évidemment.

– Eh bien, tu vois, s'il me prenait l'envie de devenir le meilleur des grimpeurs d'arbres, faute de pouvoir jouer de la guitare, je profiterais d'être seul et tranquille pour m'exercer. Dis-moi, tu n'irais pas chercher ta guitare pour me montrer où tu en es ?

– Maintenant ? Ici ?

– Dis-moi, tu l'aimes bien, Emma...

– Pff ! Qu'est-ce que tu racontes ?

– Allez, va, j'ai bien remarqué la manière dont tu la regardes.

– Quel rapport avec la guitare ?

– Disons que j'ai comme dans l'idée que lui jouer un morceau que tu maîtrises pourrait lui plaire... Encore faut-il que tu t'entraînes seul pour ça...

Charly sourit, et part chez lui chercher sa guitare.

Partager sa vie avec une bande de copains et copines, c'est génial, mais ça ne fait pas tout. Est-ce son groupe qui va apprendre à Charly à jouer de la guitare ? Non. Ça ne peut être que lui. C'est une part personnelle de sa vie, qu'il doit cultiver pour ensuite la partager avec son groupe. Comme Louise, qui voue une passion au ballon rond.

Suivre toujours la bande, et ne faire que ce qu'elle fait, c'est mettre de côté tout ce que peuvent offrir les richesses individuelles.

Dans une bande, on amène ses différences, ses goûts, ses talents et on partage. C'est très enrichissant. Encore faut-il que chaque membre du groupe se développe individuellement. Sinon, qu'a-t-on à partager ? Existe-t-on en dehors des avis, des goûts, des pensées échangés ensemble ?

CHECK & CHAT !

Le chat est in-dé-pen-dant

Il y a souvent un meneur, une
meneuse dans un groupe,
une personne qui a un peu plus
d'influence sur les autres,
et qui impulse le fonctionnement et
les activités communes.
Pour autant, cela ne veut pas
dire que tu doives tout accepter,
et te contenter d'écouter
et de suivre.
Tu as ta propre personnalité,
tes propres goûts, tes propres
envies. Tu peux les cultiver
de ton côté comme les partager
avec ton groupe. Mais n'oublie
jamais de travailler pour toi
à ce que tu aimes, en t'amusant.
Appartenir à une bande,
c'est enrichissant, mais tu ne dois
jamais oublier qui tu es, ce qui
te construit.
Reste libre de penser et de faire
en fonction de toi, et pas seulement
en fonction des autres.
Comme le chat, reste
in-dé-pendant·e dans tout ce que
tu fais, dans tout ce que tu penses.
Et chat, chat mérite toute
ton attention!

Une bande de potes, c'est le top !

PASSE EN MODE CHAT !

Vu que tu n'es pas avec tes camarades pendant que tu lis ce livre, c'est l'occasion de répondre à ces questions !

- Que fais-tu quand tu n'es pas avec tes copains, tes copines ? (En dehors de ton portable !)

....

....

- Y a-t-il un sport, un hobby, que tu aimes faire sans les autres ? Lequel ?

....

- As-tu l'impression de t'ennuyer quand tu es seul·e ? Que fais-tu alors pour t'occuper ?

....

....

Quand tu n'es pas d'accord avec ton entourage, donnes-tu ton avis ou le gardes-tu pour toi ? Quel a été votre dernier désaccord ?

Oses-tu proposer de nouvelles idées aux autres suivant tes envies ? Ou te contentes-tu de suivre ce qu'ils ou elles ont décidé ?

Nous possédons une grande richesse en nous, des talents, des savoirs que nous pouvons cultiver quand ça nous chante, à notre rythme, pour pouvoir par la suite les partager avec nos proches. Appartenir à une bande ne signifie pas suivre et s'adapter aux autres en permanence, c'est aussi amener dans ce groupe ce qui fait de toi un être unique.

ZIGGY

#9 - LA GAGNE ? CHAT BOSSE OU PAS, LÀ ?

Louise n'est pas du genre à passer des heures entre lissage de cheveux, shopping et french manucure. Elle aime le sport, bouger, enfiler ses baskets et se dépenser. Plus jeune, elle a fait de la danse, de la GRS, mais rapidement elle s'est tournée vers les sports collectifs comme le volley-ball.

Depuis la dernière Coupe du monde de football, elle s'est mise à suivre tous les matchs à la télé. Devenue une véritable passionnée, elle a commencé à s'entraîner chez elle, ballon au pied, à faire des dribles, des jongles, et elle aimerait intégrer l'équipe de l'école...

Mais elle sent bien qu'une fille dans l'équipe, dans ce monde du football encore très masculin, ce n'est pas gagné d'avance...

S'ACCROCHER OU LAISSER TOMBER ?

Jill : « C'est vrai que les chats retombent toujours sur leurs pattes ? »
Chat : « Non ! Ce n'est qu'une rumeur lancée par les chiens ! »
Le Chat Potté

Louise s'est installé une cage de foot dans son jardin en tendant un filet entre deux arbres. Durant ses week-ends, elle passe de longues heures à s'entraîner, à faire des petits ponts, des coups de pied arrêtés, des lucarnes.
Juché sur le muret, je la regarde courir, tirer, manquer, et faire les commentaires sportifs de ses exploits, quand elle envoie un boulet de canon au fond du filet.
Moi aussi, j'adore courir après des balles, et plus elles sont légères, plus c'est marrant ! Piquer aux joueurs de ping-pong la balle qui rebondit dans tous les sens : un vrai régal !
– Et but ! lui dis-je tout à coup.
– Ah ! Salut, Ziggy !

– Tu t’entraînes, à ce que je vois ?
– Oui, mais toute seule il y a plein d’actions que je ne peux pas faire, comme doubler un défenseur. C’est un sport d’équipe, et là, du coup… je fais beaucoup de tirs surtout.
– Il n’y a pas d’équipe à l’école ?
– Si, mais il n’y a que des garçons. Et les garçons avec leur foot, quand ils voient une fille qui veut jouer…
– Une fille ou une joueuse ?
– C’est pareil !
– Ah non, ma petite Louise, ça n’a rien à voir. Si tu te présentes vers eux en tant que fille, avec tout ce que ce sport possède encore comme passif machiste et masculin, c’est sûr qu’ils vont se mettre à ricaner. Mais si tu y vas en tant que joueuse, avec une spécialité de position de jeu dans l’équipe, ça change la donne.
– Alors là, je ne suis pas convaincue…
– Il me semble avant tout que votre football consiste à protéger votre territoire, afin que la balle n’entre pas dans la boîte avec le filet.
– Oui, en gros, c’est ça.
– Eh bien, comme je le racontais il y a quelques jours à Charly, quand nous vivions en meute, il fallait que nous protégions notre territoire des intrusions. Et pour cela, il fallait faire fonctionner le « collectif », la meute. Nous nous positionnions en fonction de nos compétences. Quand certain·e·s surveillaient, d’autres sortaient les muscles pour impressionner, en avançant face à l’ennemi, et d’autres encore couvraient les arrières. Mais vois-tu, dans cette organisation, chat ou chatte, ça n’avait aucune importance,

tout ce qui comptait, c'était de pouvoir compter les un·e·s sur les autres, en fonction de notre force et de notre habileté.
– Ça marche peut-être chez les chats, mais nous...
– Moi, je suis persuadé du contraire ! Tu aimes plutôt l'attaque ou la défense ?
– En fait, j'aimerais qu'on m'appelle « le mur » !
– C'est-à-dire ?
– Je voudrais être gardienne de but, pour que pas un ballon ne puisse passer dans mes cages ! Mais je ne peux pas tirer et arrêter en même temps...
– Ce n'est donc pas un filet qu'il te faut pour t'entraîner, mais des tireurs. Réunion du conseil au square ! J'appelle les troupes et je reviens !

Quand j'arrive au square, il y a déjà un petit groupe de garçons, qui discutent. Je me pose au milieu d'eux et je leur dis :

– Les gars, c'est l'occasion de prouver que votre équipe est soudée.

– Qu'est-ce qu'il se passe ? demande Mat.

– Vous savez que Louise aime le foot ? Et qu'elle veut jouer dans l'équipe de l'école ?

– Aucune chance ! dit-il.

– T'es sûr, Mat ? Sûr qu'elle ne peut pas être appréciée pour son talent ? Juste pour son talent ? Même si c'est une fille qui veut jouer dans une équipe de garçons ? Ça me rappelle quelque chose...

– Tu as raison, Ziggy...

– Elle veut se perfectionner, elle a seulement besoin d'un coup de patte ! Venir taper dans un ballon, franchement, il y a plus pénible pour vous !

– OK, on y va !

Durant des semaines, Louise s'est exercée à arrêter les tirs de ses amis. Tour à tour, ils allaient chez elle en fin de journée.

Au début, c'était une vraie catastrophe, mais elle s'est accrochée, elle a persévéré dans ce qu'elle voulait : être une joueuse, et reconnue en tant que telle.

De semaine en semaine, elle a progressé, jusqu'à ce que

ses amis, étonnés par ses talents devant les filets, finissent eux-mêmes par la pousser à demander une place dans l'équipe de l'école.

Elle a fini par se présenter, mais les autres joueurs ont ri quand elle leur a dit qu'elle voulait jouer comme gardienne.

Louise s'est avancée devant le capitaine.

– Si j'arrête huit tirs sur dix de ton meilleur joueur, je pourrai intégrer l'équipe ?

– Alors là, je veux bien prendre le pari ! a répondu le capitaine en souriant.

Karim, le meilleur tireur de l'équipe, s'est avancé, et le capitaine lui a dit :

– Fais gaffe quand même, c'est une fille !

– Non, je suis goale, a rétorqué Louise.

Dix fois Karim a armé son pied. Il a changé d'angle, essayé ses feintes habituelles, mais dix fois Louise a bloqué le ballon, ou l'a dévié.

Il avait « le mur » en face de lui.

– Oh ! C'est un mur ! C'est elle qu'il nous faut dans les cages, pas cette espèce de passoire de Benji ! s'est-il exclamé.

Les copains de Louise se sont alors mis à scander : « Le mur ! Le mur ! Le mur ! » Et le reste de l'équipe les a suivis.

CHECK & CHAT !

Le chat est tenace

Il est si facile de laisser tomber.
Trop de difficultés se dressent...
Entre les a priori des autres
et tes propres craintes, la tentation
est grande de croire que
tu n'y arriveras pas, ou que
ce n'est pas fait pour toi.
Et là, en tant que chat, je te dis
STOP!
Ça te semble impossible,
inaccessible? Essaie! Donne-toi
de la peine, travaille dur
à ce que tu désires.
Persévère dans tout ce que
tu entreprends, agis comme
un chat avec ténacité et patience.
Recommence et poursuis ton effort,
entraîne-toi, comme Louise.
De jour en jour tu progresseras
dans tes compétences, un peu,
beaucoup, jusqu'à devenir capable,
habile, spécialiste, voire virtuose!
S'accrocher? À tous les coups,
chat gagne!

S'accrocher ou laisser tomber ?

PASSE EN MODE CHAT !

Petite pause réflexion !

- Zappes-tu ou persévères-tu en général ? Si tu n'arrives pas à faire quelque chose, tu insistes ou tu laisses tomber rapidement ? Pour quoi, par exemple ?

....

- As-tu un rêve, une envie dont tu te sens incapable ? Lequel ou laquelle ?

....

....

- Qui te soutient, t'encourage et t'épaule dans ce que tu veux faire ? Comment ?

....

....

- T'est-il déjà arrivé d'aider quelqu'un à progresser ? Raconte comment tu as fait.

....

Craindre d'échouer est normal, mais ce n'est pas une raison pour ne pas te donner toutes les chances d'arriver à ce que tu souhaites.

ZIGGY

#10 - CHELOU, LE NOUVEAU ? CHAT VA LE FAIRE !

Cette semaine, il y a de nouveaux arrivants dans la résidence. Le jeune Sébastien, surnommé « Babass » par son beau-père, se promène dans le quartier pour découvrir les lieux.
Approximativement du même âge, Babass a vu la bande du square, mais n'ose pas encore l'approcher.

Ce n'est jamais facile de déménager et de se recréer un univers. On change d'environnement, on s'éloigne de ses camarades, des repères de son quotidien, de son école, de son club de sport et parfois d'une partie de sa famille. Et en même temps cela prend un peu de temps pour s'intégrer dans une nouvelle ville, faire de nouvelles rencontres...
Mais est-ce plus simple d'accepter et d'intégrer un nouveau membre dans un groupe se connaissant de longue date ?

COMMENT FAIRE POUR S'INTÉGRER ?

« La valeur d'une personne se mesure toujours au bonheur qu'elle fait aux autres. »
Garfield

Mercredi en fin de journée, comme à son habitude, la fine équipe s'est réunie pour échanger les derniers potins. Alors que j'approche, j'entends Greg dire :
– Vous avez vu, il y a des nouveaux qui ont emménagé au 32. Ils ont un fils, il a l'air un peu chelou, le mec.
– M'en parle pas, il a une dégaine ! Oh, le boloss ! dit Mat en ricanant.
– Tu sais d'où il vient ? demande Greg.
– Pas la moindre idée, répond Mat.
– D'Île-de-France, je crois, dit Manon.
– Et allez ! Encore un Parigot ! rétorque Greg.
Je décide de me mêler un peu à la conversation. Et je leur lance en débarquant tranquillement :

– Salut, les Marseillais !
– D'où on est marseillais ? Ça va pas, non ? s'exclame Mat.
– Oh ben, je fais comme vous ! J'englobe, je mets tout dans le même sac. Et je cultive les vieux clichés de rivalité entre Parisiens et Marseillais. Sympa, non ? D'ailleurs, étant de Lyon, et ayant vécu à Paris pour finir par m'installer dans le Sud, je me demande dans quelle case vous me collez...
– C'est pas pareil, toi, t'es un chat ! répond Greg.
– Exactement. Je n'ai eu aucun problème à m'intégrer et à être accepté par les autres chats du coin à cause de ma région d'origine. Les chats s'en moquent, eux... Seuls comptent les chats sympas...
– Non mais quand même, il n'a pas l'air d'avoir la lumière à tous les étages, t'as vu sa dégaine ? reprend Greg.
– Parce qu'il y a un style local maintenant ? Quand je vous regarde, tous et toutes, j'ai l'impression que vous avez le look de vos envies et de la personne que vous êtes. Et heureusement ! Sinon, vous ne seriez que des clones, tous pareils.
– En fait, on ne le connaît pas... dit Manon.
– Très juste. Et puis, mettez-vous à sa place, imaginez que vous deviez déménager sur Paris ou Brest, à cause du travail de vos parents et tout laisser ici...
– Moi, je ne pourrais pas, dit Dorian. Je me vois mal débarquer dans une ville où je ne connais pas un chat, et ne plus pouvoir voir personne de la bande...
– C'est clair... Vu comme ça, je ne pourrais pas non plus, finit par dire Greg.
– Je savais que vous comprendriez. C'est déjà difficile

de s'intégrer dans un endroit où on ne connaît rien ni personne, mais ça l'est encore plus quand, d'avance, on sent bien qu'on ne veut pas vous accepter.
– OK, Ziggy, on a compris. S'il vient nous voir, on sera sympas avec lui, dit Mat.
– Et puis, il a peut-être plus de choses à vous apprendre que vous ne pensez... J'ai comme dans l'idée, contrairement à ce que tu penses, que sa dégaine va faire des ravages.
– T'es sérieux, là ? Il n'est même pas capable de mettre deux baskets de la même couleur ! Je veux bien être sympa, mais faut pas abuser !
– Et tu penses vraiment qu'il ne le fait pas exprès ?
– Ben...
– Ben, t'as beau être stylé, Mat, moi, je trouve que son idée est plutôt classe ! Tu sais, à une époque, avant que tous les jeunes ne se mettent à porter leurs casquettes de base-ball à l'envers, il a fallu qu'un ado commence à le faire... Un

jeune qui avait lu *L'Attrape-cœurs* de J. D. Salinger, où pour la première fois, ça apparaît...
Mat, Greg et Dorian se mettent alors à observer attentivement leurs pieds, leurs sneakers, et à imaginer que peut-être...

Juché sur le toit de l'Abribus, j'attends ce matin que Babass et quelques membres de la bande se retrouvent ensemble à attendre le bus, pour se rendre à leurs cours.
Babass arrive en premier, de peur certainement de rater le bus. Il me voit sur le toit et tend la main pour me caresser. Les autres arrivent, je me laisse papouiller et je miaule quand tout le monde est sous l'abri.

– Il est à quelqu'un du quartier, ce chat ? demande Babass. Il est trop sympa...

– Il est... C'est le chat de la résidence, tout le monde le connaît ici. Il s'appelle Ziggy, et moi, c'est Manon.

– Salut, moi, c'est Sébastien, enfin on m'appelle Babass. Je viens d'emménager.

– Tu viens de Paris ? demande Manon.

– Juste à côté. Ça me change pas mal, mais au moins il fait beau ! En région parisienne, il pleut tout le temps ! On n'a que deux saisons : le mois d'août et le reste de l'année, comme on dit !

Manon, Dorian et Greg se mettent à rire.

– Et vous portez tous vos sneakers comme ça à Paris ? ose Greg.

– Ah, ça ? Non, c'est un truc que j'ai découvert cet été quand j'étais en vacances avec mes parents à New York. J'ai trouvé ça trop cool ! répond Babass.

– T'étais à New York ! s'exclament les trois autres en chœur.

– Vas-y, raconte ! lance Greg.

Le groupe se met à bavarder, tout excité à l'idée un jour d'aller à New York. Je crois qu'avec Babass la bande vient de s'agrandir d'un nouvel arrivant.

CHECK & CHAT !

Le chat s'adapte à tout rapidement
Le chat fait preuve d'empathie

Intégrer l'autre et avoir soi-même à s'intégrer, cela peut t'arriver, et t'arrivera certainement dans ta vie future.
Rien ne sert de juger les autres sur un détail. Il faut apprendre à ne pas écouter les on-dit, et te forger ta propre opinion sur une personne à partir de ce qu'elle est.
Apprendre à écouter et accueillir l'autre comme une nouveauté, une chance : chat, c'est sympa ! Et c'est gagnant-gagnant pour tout le monde !

Comment faire pour s'intégrer ?

PASSE EN MODE CHAT !

- T'est-il déjà arrivé de déménager loin de ta famille, de tes ami·e·s ? Comment as-tu vécu ce changement ?

....

....

- Si tu devais changer de lieu de vie, qu'est-ce qui te manquerait le plus ?

....

....

- Si tu arrivais dans un lieu où tu ne connais personne, que ferais-tu pour rencontrer des jeunes de ton âge ? Pour t'intégrer et tisser de nouveaux liens ?

....

....

T'est-il déjà arrivé de juger une personne sans rien savoir d'elle, juste sur des rumeurs ou son apparence ? Que penserais-tu si on faisait la même chose pour toi ?

....

....

As-tu déjà eu dans ta classe un « nouveau », une « nouvelle » ? As-tu essayé de t'intéresser à lui, à elle, de faire sa connaissance ? Si oui, de quelle manière ? Sinon, pourquoi ?

....

....

Il arrive forcément des moments où nous sommes le nouveau, la nouvelle pour quelqu'un d'autre.
Et si cela ne t'arrive pas aujourd'hui, ça le sera dans ta future vie. Il te faudra alors aller vers les autres pour reconstruire des liens, et peut-être que ce jour-là tu apprécieras qu'un petit groupe te tende la main.

ZIGGY

#11 - LES COPINES, LES COPAINS, PARFOIS CHAT CRAINT !

En parallèle de la bande, Théo s'est fait de nouveaux camarades... peu de temps après que ses parents ont fait construire une piscine dans leur jardin.
Même si la mer n'est pas très loin, profiter d'une piscine, c'est plutôt agréable pour passer des après-midis et des soirées sympas !
Théo avait organisé une journée barbecue pour son anniversaire. Et parmi les convives, plusieurs s'étaient permis de venir en compagnie du cousin, d'une voisine, d'un ami...
Théo n'y a pas prêté attention, mais depuis, il y a régulièrement des personnes qui s'invitent chez lui sans prévenir.
Sa maison est devenue « la maison du bonheur » pour beaucoup de jeunes.
Mais pour lui, qui sont ces personnes ? Des connaissances ? Des ami·e·s ? Ou des personnes cherchant à profiter?

AMITIÉ OU ABUS ?
CONFIANCE OU DOUTE ?

« Quand un chat choisit d'être amical,
c'est un gros problème, car un chat est pointilleux. »
Mike Deupree

Les « bombes » se multiplient dans la piscine quand je décide de glisser du muret pour m'installer dans le hamac. L'un des jeunes appelle Théo :

– Hé ! Tu peux ramener du Coca ?

Théo sort de la piscine et va à la cuisine. Quand il revient, une autre lui demande :

– T'aurais pas des gâteaux ? J'ai la dalle !

Et Théo repart. Je saute du hamac pour le rejoindre, grimpe sur la table de la cuisine et lui dis :

– Et pour moi, ce sera une boîte de maquereaux ! Et que ça saute !

– Salut, Ziggy, attends deux secondes...

– Pas le temps, il faut que je retourne m'amuser, moi !
– Qu'est-ce qu'il t'arrive aujourd'hui ?
– Ben, quand on a un esclave, faut s'en servir !
– Un esclave ?
– Un Gofor, si tu préfères ! *Go for this*, *go for that*, comme ils disent aux États-Unis, bref, un sbire, quoi !
– Je ne suis le sbire de personne !
– T'es sûr ? Ça va leur arrêter la croissance, de se bouger, à tes « ami·e·s » ? Au lieu de squatter chez toi et de te demander sans arrêt des trucs ?
– Bah, c'est des potes !
– Des potes ? Des ami·e·s ? Ou des gens qui grattent ?
Je me mets à roucouler.
– Tu imites les pigeons maintenant ?
– Oui ! Pigeon ! Pigeon ! Pigeon !
– Tu te fous de moi ?
– Oh ! Si peu !
On sonne à la porte, Théo va ouvrir.
– Salut, je suis le cousin d'Enzo, il m'a dit de le rejoindre ici !
Depuis la cuisine, je me mets à roucouler de plus belle pour que Théo m'entende.
– Vas-y, entre...
– Waow ! T'as la nouvelle console ? Je peux l'essayer ? dit le nouvel arrivant en s'installant dans le canapé.
– On est en train de se baigner... dit Théo timidement.
– Je vous rejoins !
Théo sort du salon pour apporter les gâteaux aux autres. Je viens me planter sur la table basse pour surveiller le « cousin ».

Il allume la console et sort de sa poche des cigarettes et un petit bâton marron comme de la réglisse, qu'il se met à brûler et à émietter sur la table. Ça pue, c'est une horreur ! On dirait une litière qu'on n'a pas changée depuis trois semaines.

– Pousse-toi de là, le chat, me dit-il.

Je crache sur lui pour le mettre en garde et cours retrouver Théo pour le prévenir qu'il se passe des choses bizarres. Je tourne tellement autour de lui qu'il finit par me suivre à l'intérieur de la maison.

– Hé ! Qu'est-ce que tu fais ? On ne fume pas chez moi, dit-il au rouleur de pétard.

– T’inquiète, je vais aller le fumer dehors, dit l’autre en se dirigeant vers la baie vitrée.

– Ni dedans ni dehors ! Bon, allez, les gars, il se fait tard, on ferme pour aujourd’hui ! dit Théo à toute la fine équipe de sans-gêne.

Cette fois, la coupe est pleine pour Théo. Ça a été trop loin. Je suis content qu’il réagisse enfin et ne se laisse plus abuser.

Les « invité·e·s » prennent leurs affaires et sortent en râlant.

Quelques jours plus tard, Enzo est venu s’excuser auprès de Théo pour l’attitude de son cousin. C’est un premier pas, peut-être deviendront-ils de véritables amis par la suite.

Nous pouvons être influençables par moments. Nous pouvons accorder notre confiance rapidement, sans penser qu’on puisse en profiter. Mais arrivé à un certain point, il faut savoir dire non, car à dire oui à tout, on accepte n’importe quoi.

Accorder sa confiance et son amitié se mérite.

CHECK & CHAT !

Le chat choisit son entourage
Le chat est un ami sincère
Le chat sait dire non !

Amitié ou abus ? Pote ou connaissance nocive ? Confiance ou doute ? Il faut quelquefois faire attention à celles et ceux qui t'entourent. Ils peuvent abuser de ta confiance. Tu dois choisir ton entourage avec discernement.
Sans t'en rendre compte, il peut arriver que se mélangent dans ton cercle proche et amical de simples connaissances, puis que de mauvaises personnes s'y glissent.
L'amitié fonctionne à double sens, elle repose sur l'équilibre entre recevoir ET donner.
Celui ou celle qui partage ?
Chat, c'est un·e ami·e !

Amitié ou abus ? Confiance ou doute ?

Passe en mode chat !

On fait un petit point sur l'amitié ?

- Combien as-tu d'ami·e·s ? De véritables ami·e·s ?

....

- Sur quoi repose chacune de tes relations ? Raconte comment votre première rencontre a eu lieu.

....

- Sur qui pourrais-tu vraiment compter si tu avais à te confier ? Ou si tu avais des problèmes ?

....

- Fréquentes-tu souvent tes proches ? Dans quelles circonstances ?

....

- Es-tu souvent invité·e chez tes ami·e·s ? Ou est-ce toi qui organises tout le temps vos rendez-vous ?

....

L'amitié fait partie des plus grandes richesses que nous cultivons durant notre vie. Encore faut-il ne pas confondre tous les types de relations qu'on peut avoir, car toutes ne se situent pas au même niveau. Savoir discerner les relations quelconques de l'amitié, chat fait toute la différence !

ZIGGY

#12 - À L'AIDE !... ET CHAT VA MIEUX !

La plupart des jeunes ont des complexes, qu'ils soient physiques, d'image de soi ou intellectuels. À l'adolescence, on ne cesse de changer, physiquement et psychologiquement, et les hormones n'arrangent rien à l'affaire.
Manon n'échappe pas à la règle. Son complexe ? Ses supposées faiblesses intellectuelles : « J'suis à la rue ! J'suis larguée, je ne comprends rien ! »
Voilà plusieurs mois qu'elle n'arrive plus à suivre en classe. Elle prend du retard sur les autres à l'école. Mais plutôt que d'en parler à ses parents ou à ses professeurs, elle se cache, elle triche un peu pour faire ses devoirs, elle fait semblant d'être au niveau... Mais elle s'enfonce, et ça l'angoisse. Combien de temps pourra-t-elle ainsi donner le change, et faire croire que tout va bien ?

OSE DEMANDER DE L'AIDE

« Les chats semblent avoir pour principe que ça ne peut pas faire de mal de demander ce qu'on veut. »
Joseph Wood Krutch

Alors que Manon va commencer à ronger les ongles de sa deuxième main devant un livre de mathématiques, je me frotte à sa fenêtre. Contente de ce petit intermède, elle vient m'ouvrir.

– Salut ! Alors, chat bosse fort ?

– Je rame, Ziggy, les maths, c'est l'angoisse. Je ne m'en sors pas.

– Qu'est-ce qu'il se passe ?

– Je ne comprends pas. L'an dernier, ça allait, mais là…

– Tu en as parlé à ton professeur ?

– Non… Je pensais que j'allais m'en sortir…

– Et à tes parents ?

– Ils me prennent pour une tronche, j'étais dans les meilleur·e·s de ma classe avant...
– Ça arrive à tout le monde, une petite baisse de régime ! Si tu prenais quelques cours à côté pour te remettre à niveau ? Ou peut-être qu'un copain ou une copine pourrait t'aider ?
– Je vais me débrouiller...
– Pour l'instant, j'ai plutôt l'impression que tu es en train de te noyer. En fait, tu t'en veux de ne plus être aussi à l'aise qu'avant...
– J'étais dans les premières, et là, je suis à la ramasse... Je ne sais pas ce qu'il s'est passé.
– Il n'y a pas de génie ! Et nous avons tous besoin d'un petit coup de boost de temps en temps. Quand j'ai eu mon accident, qu'on m'a coupé la patte avant et que je me suis retrouvé avec un gros pansement, tu penses vraiment que j'ai pu tout faire tout seul les premiers jours ? Non. J'ai demandé de l'aide pour certaines choses à Stéphane, le temps d'apprendre à vivre avec. Et puis c'est reparti.
– Mais ce n'était pas des maths, c'était physique... Moi aussi, si je me cassais une jambe...
– C'est exactement pareil ! Tu as juste besoin qu'on te remette sur les rails. Encore faut-il tout d'abord t'avouer à toi-même que tu as besoin d'aide, et ensuite aller en chercher.
– Ce n'est pas si simple...
– Tu sais, les chats sont fiers, mais pas orgueilleux... Peut-être faut-il que tu ranges un peu ton orgueil dans ta poche... Tu as le droit de ne pas être parfaite et de ne pas tout savoir. Et il y a certainement autour de toi des tas de gens qui seront ravis de t'aider à traverser cette mauvaise passe.

– Mon cousin est au lycée en terminal S, peut-être que...
– Très bonne idée ! Appelle-le. Je suis sûr qu'il sera ravi de t'aider.
– Tu crois ?
– Tu sais, il n'y a rien de rabaissant à demander de l'aide quand on en a besoin. Au contraire, se tourner vers quelqu'un qui puisse t'épauler, c'est aussi le valoriser. C'est une preuve d'estime et de confiance.

– OK, je passerai le voir ce week-end.
– Avec ton livre de maths ! Tu verras, tout le monde y gagnera : toi pour ta remise à niveau, tes parents, si tu leur en parles, pour ton implication dans tes études, et ton cousin pour l'aide qu'il t'apportera, comme peut-être pour la rémunération que tes parents lui verseront en échange de ses heures de cours particuliers.

Demander de l'aide quand on ne sait pas permet de ne pas se retrouver dans une impasse. Et il faut le faire au plus vite, avant de décrocher.

Il suffit souvent d'un simple petit coup de pouce pour rattraper son retard ou combler quelques lacunes. Juste de quoi pouvoir reprendre seul·e son apprentissage.

Et à ceux et celles qui se demandent : « Pourquoi apprendre ? Et surtout à quoi sert d'être capable d'apprendre seul·e par la suite ? », la réponse est simple : Tout ce que tu sauras engendrera tout ce que tu seras. N'attends pas que tout vienne de l'école, apprends par toi-même, et creuse les sujets qui te passionnent.

CHECK & CHAT !

Le chat ose demander (tout le temps !)
Le chat est curieux par nature
Le chat est silencieux et observateur

Ce que tu sais entraîne
ce que tu es aujourd'hui. Mais
qui as-tu envie d'être demain ?
Et si ce que tu as envie
de devenir nécessite un peu
d'aide, de soutien, pourquoi
ne pas le demander ?
Et, pour aller un peu plus loin,
sans attendre d'être en difficulté
ou en retard, pourquoi ne pas se
faire soutenir et prendre
de l'avance,
pour le plaisir d'anticiper
et de se dépasser ?
Chat, chat pique ma curiosité !

Ose demander de l'aide

PASSE EN MODE CHAT !

S'il t'arrive de te sentir en difficulté, demandes-tu de l'aide ? À qui ?

....

Comment ton entourage s'implique-t-il dans ton apprentissage scolaire ?

....

Pense-tu qu'il y a autour de toi des personnes en difficulté ? En quoi pourrais-tu les aider ?

....

Quels sont les domaines où tu te sens un peu plus faible ? Comment pourrais-tu progresser ?

....

Y a-t-il des matières très importantes pour le métier que tu rêves de faire ? Lesquelles ? Comment pourrais-tu te perfectionner dans ces domaines ?

....

La vie est un apprentissage permanent. Celles et ceux qui cessent d'apprendre cessent de grandir.
Pour « être » demain, il faut « savoir » aujourd'hui ! Chat se décide !

ZIGGY

#13 - LA VENGEANCE ? CHAT SERT À RIEN !

L'adolescence, c'est souvent l'âge des rivalités. Surtout pour certains garçons, qui ont tendance à comparer leur taille, leur tour de biceps... Nous ne sommes pas très loin des animaux chefs de meutes, qui dominent par la force.
Les chats, dans ce domaine, font un peu exception.
Yanis, à qui j'ai décidé de rendre une petite visite, n'est pas un garçon bagarreur. Mais je viens d'apprendre en tendant l'oreille qu'il avait été exclu pour deux jours de l'école pour « faits de violence »...
De la bagarre dans l'air ? Ça m'étonne...
Qu'a-t-il bien pu se passer ?

IL VA ME LE PAYER (OU PAS) !

« Faire des erreurs est humain, ronronner est félin. »
Robert Byrne

Comme Yanis est apparemment interdit de sortie pour le week-end, je vais toquer à la fenêtre de sa chambre.

– Salut, Yanis !

– Salut, gros...

– Eh bien ? Tu n'es pas avec les autres ce week-end ?

– Je suis puni. C'est à cause du bahut, mes parents ont été convoqués chez le directeur, et j'ai été exclu pour deux jours... Je te raconte pas l'ambiance à la maison.

– Qu'est-ce qu'il s'est passé ?

– Rien ! C'est à cause d'un type qui n'arrête pas de m'e**er-der quand je le croise ! Chaque fois, il me pousse dans un mur ou me met un coup d'épaule !

– Et alors ? Qu'est-ce que tu as fait ?
– Au bout d'un moment, j'en ai eu marre, et j'en ai parlé à des copains. Du coup, on est allés le voir pour qu'il arrête...
– Et ? Qu'est-ce que vous avez fait ?
– Mais rien... Ils l'ont un peu chahuté et lui, après, il est allé voir le directeur en disant qu'on lui était tombés dessus à quatre et qu'on l'avait frappé, mais c'est pas vrai ! C'est lui qui a commencé ! Je suis dégoûté. C'est lui qui cherche tout le monde depuis des semaines, et c'est moi qui suis exclu. C'est pas juste !
– Je comprends. Mais tu as fait plusieurs erreurs.
– Lesquelles ?
– D'abord, tu as cru qu'il était fort, plus fort que toi, et que donc il n'irait pas se plaindre auprès du directeur.
– Il joue les gros bras et après... Pff !
– Mais il n'y a pas que ça. Tu sais ce que font les chats quand ils se sentent en danger ?
– Non ?
– Nous avons trois manières de réagir. La plupart du temps, quand un chat un peu trop sûr de lui vient nous chercher des histoires, nous faisons face, sans reculer. Mais nous faisons face sur l'instant, sans aller chercher du secours.
– Oui, mais il est vachement balaise, ce mec...
– Je comprends, et il n'y a pas de honte à ne pas se sentir capable de se défendre. C'est pourquoi il arrive que, sous l'effet de la surprise, nous fuyions, et que nous nous mettions en sécurité, en hauteur ou dans un lieu sûr. Et la troisième manière, c'est ce que j'ai fait la dernière fois que je me suis fait courser par un chien près de la maison :

c'est vers mon protecteur que je me suis tourné, à la maison que j'ai accouru, pour que Stéphane le fasse fuir.

– Mais c'est lui qui avait commencé... J'allais pas aller voir...

– Si, Yanis, car au final, en n'allant pas te plaindre à un professeur ou au directeur de l'école, tu t'es mis en faute. En n'affrontant pas ce gars à un contre un, mais à quatre contre un, tu es passé de victime à bourreau. C'est cela qu'a retenu l'« autorité », même si cela te paraît injuste.

– On ne lui a rien fait. C'était juste pour qu'il ait un peu peur et qu'il arrête.
– Peut-être, mais il s'est servi de cela pour aller, lui, vous accuser. Ce n'est ni très courageux ni très honnête de sa part, mais qui est puni au bout du compte ?
– Alors j'aurais dû soit me prendre une peignée, soit me taper la honte chez le dirlo et passer pour une balance ?
– Une chose est sûre : s'il pose des problèmes à beaucoup

de jeunes dans ton école, pendant que toi tu es là, lui, il continue d'embêter les autres. Réfléchis-y. Peut-être y a-t-il encore une façon de faire justice ?

Il n'y a jamais de gagnant dans un conflit. Mais cela ne veut pas dire qu'il faille tout accepter et se laisser faire sans rien dire.

À la fin de la semaine qui a suivi, j'ai croisé Yanis. Il avait trouvé la bonne solution. Laquelle ? D'abord, il était allé voir toutes les autres victimes. Ensuite, ils avaient ensemble tout raconté au directeur car quand une personne se plaint d'une autre, c'est parole contre parole. Mais quand dix, comme c'était le cas, témoignent des problèmes qu'ils ont avec cette personne… alors le jugement tombe comme une bouse de labrador sur une catapulte : ça gicle !

Exclu de l'école pour une semaine, le gros bras en question en sera exclu définitivement à la première histoire dans laquelle il se trouvera à nouveau impliqué.

Il faut quelquefois se grouper pour être plus fort. Mais la solidarité ne vaut rien pour se battre : elle est utile non pour vaincre, mais pour gagner.

CHECK & CHAT !

Le chat sait éviter les conflits (autant que possible)

Éviter les violences est la meilleure des solutions. Mais il faut savoir réagir dans un conflit. Pas de n'importe quelle manière, car cela peut se retourner contre toi.
Se faire justice soi-même n'est jamais la voie à suivre, qu'on ait peur ou non de celui ou celle qui cherche le conflit.
Les « cherche-embrouilles » ne sont pas les plus courageux, et il y a sûrement autour de toi des personnes capables de canaliser leur profonde bêtise.
La vengeance est alors bien petite et inutile, car la justice se trouve du bon côté.
Chat, c'est envoyé !

Il va me le payer (ou pas) !

Passe en mode chat !

Apprendre à réagir, à se défendre... Voici quelques questions sur le sujet.

- T'es-tu déjà retrouvé·e dans une situation comme celle de Yanis ? Si oui, comment as-tu réagi ? Et pourquoi ?

....

- Connais-tu des personnes victimes de harcèlement ? Comment pourrais-tu les aider ?

....

- Te sens-tu souvent en colère ? T'arrive-t-il de te battre ? Pour quelles raisons ?

....

- Si tu te trouvais en situation de conflit, comment pourrais-tu l'éviter ? Saurais-tu trouver une sortie sans violence ?

....

- Vers qui pourrais-tu te tourner en cas de problème, de harcèlement ? Le ferais-tu ?

....

Les rivalités et les luttes font partie de la vie. Pour autant, la violence ne résout jamais les conflits. Elle ne donne naissance qu'à deux perdants. En cas de problème, reste calme et réfléchis à faire naître la justice. Ce sera beaucoup plus efficace, même si, parfois, il faut avouer qu'une bonne tarte, chat démange !

ZIGGY

#14 - À LA MAISON, C'EST : FAIS CI, FAIS CHAT !

Zoé, ma petite Zoé, quand vas-tu te calmer ?
Alors qu'elle vient de claquer la porte du salon pour la énième fois, je la vois débouler dans sa chambre et se jeter sur son lit.
L'ambiance était plutôt zen jusque-là. Je me faisais dorer au soleil en attendant qu'elle m'apporte ma friandise habituelle.
Mais elle se relève et se met à jeter livres et cahiers contre les murs. Elle crie, pleure et cogne dans son oreiller.
Zoé, ma petite Zoé, que s'est-il encore passé ?

POURQUOI C'EST TOUJOURS AUX MÊMES DE FAIRE DES EFFORTS ?

« Le chat est le seul animal qui accepte le confort mais rejette la servitude domestique. »
Georges Louis Leclerc de Buffon

– Marre de ce violon ! Marre de mon frère ! Marre de ma belle-mère !

Je passe la tête par la fenêtre entrebâillée.

– Eh ben ! Eh ben, Zoé ! Qu'est-ce qu'il t'arrive ?

– J'en peux plus, de cette baraque ! J'en peux plus, de cette famille ! Je veux partir d'ici !

– Calme-toi, Zoé, raconte-moi.

– C'est toujours pareil. Depuis qu'ils ont emménagé, y'en a que pour mon demi-frère. Lui, il ne fait jamais rien, et moi, je fais toutes les corvées. « Range ça, Zoé ! Débarrasse, Zoé ! Aide-moi à étendre le linge, Zoé ! Sors les poubelles, Zoé... » Et pendant ce temps-là, lui, il va s'amuser. Tu comprends, il ne faudrait pas qu'il se fatigue, « le petit prince à sa maman » ! Ma belle-mère me prend pour son esclave, je ne peux plus la voir.

– C'est à ce point-là ? Peut-être veut-elle simplement se rapprocher de toi ? Et ton père, qu'est-ce qu'il en dit ?

– Rien ! Il fait semblant de ne rien voir pour ne pas se fâcher avec elle, et en plus il m'oblige à continuer mes cours de violon. Je déteste le violon.

– Et la semaine où tu es chez ta mère, comment ça se passe ?

– Super ! Pas de belle-mère, pas de demi-frère, pas de violon. Le rêve. Je veux aller vivre chez ma mère.

– Et ton père ?

– Il s'en fout. À tous les coups, ça l'arrangerait que je ne sois pas là, comme ça, ils seraient tranquilles tous les trois.

– Tu es dure, Zoé. Ton père t'aime, et il serait vraiment malheureux de ne plus vivre avec toi, j'en suis sûr.

– Tu parles...

– Oui... Il faut que tu parles, que tu lui parles. Peut-être qu'il ne se rend pas compte que tu n'es pas heureuse.

– J'ai l'impression qu'il s'intéresse plus à mon demi-frère qu'à moi... Dire qu'il avait commencé à m'apprendre à conduire... J'adorais ça !

– Il a peut-être moins de temps actuellement.

– Tu parles, il en a pour les autres en tout cas !

– Oui, mais peut-être qu'il pense que ton amour lui est acquis, et qu'il doit conquérir celui de ton demi-frère pour que tout se passe bien dans cette nouvelle famille. Je pense qu'il est juste maladroit avec toi. C'est pour ça qu'il faut que tu lui parles...

– Pff... Vous, les chats, vous n'avez pas ce genre de problèmes.

– Tu sais, dans une portée de chatons, durant les premières semaines, il arrive souvent qu'il y en ait un qui se retrouve un peu à part des autres. Ce n'est pas la mère qui le rejette, mais lui qui n'ose pas se mélanger à ses frères et sœurs. C'est bizarrement souvent celui que les humains préfèrent d'ailleurs...

– Quel rapport avec moi ?

– Honnêtement, Zoé, est-ce vraiment ton demi-frère et ta belle-mère qui sont à la source de tous tes soucis, ou est-ce que ce n'est pas toi qui te mets un peu à l'écart de cette nouvelle famille dont tu n'as pas envie ? En regrettant celle d'hier...

– Pourquoi ce serait encore à moi de faire des efforts pour que tout se passe bien ?
– Es-tu sûre qu'ils n'en font aucun ? Ou refuses-tu de les voir, en te contentant de t'enfuir et de claquer les portes dès que quelque chose ne va pas comme tu le voudrais ?
– Ça va être ma faute maintenant...
– Écoute, Zoé, ce n'est la faute de personne. Mais il faut que chacun y mette un peu du sien. T'es-tu déjà intéressée à ton demi-frère ? As-tu passé du temps avec lui ? Et ta belle-mère, crois-tu vraiment qu'elle ait envie que ce soit la guerre entre vous ? Et que cela crée des problèmes avec ton père ?
– Je ne sais pas...
– Je suis sûr que non. Alors sois un peu moins sur la défensive avec eux, et essaie de provoquer de bons moments. Tu pourrais par exemple leur proposer de faire un tableau pour répartir les tâches ménagères entre vous tous ; ça devrait plaire à ta belle-mère !
– C'est pas bête !

– Et pourquoi tu ne demanderais pas, toi, à ta belle-mère de faire des choses avec elle ? Vous pourriez ainsi apprendre à vous connaître… As-tu envisagé les choses de cette façon-là ?
– D'accord, je vais y réfléchir…

Le samedi suivant, j'ai vu Zoé et sa belle-mère partir faire les courses pour la semaine.
Quelques heures plus tard, je les ai vues repasser le portail de la résidence. La voiture s'est arrêtée, la belle-mère de Zoé est descendue, a fait le tour, et a invité Zoé à prendre le volant.
Zoé a mis sa ceinture et, après quelques discussions avec sa belle-mère, j'ai vu la voiture qui hoquetait un peu, puis qui avançait dans l'allée doucement.
Il en faut peu parfois pour créer l'instant complice, et construire les premiers rires ensemble.

CHECK & CHAT !

Le chat est humble et indulgent
Le chat est calme (la plupart du temps)

Vivre dans une famille recomposée est un peu compliqué au départ. Peut-être as-tu des ami·e·s dans cette situation, ou peut-être y es-tu toi-même ?
Les parents peuvent se montrer maladroits les premiers temps. Ils essaient en réalité de ménager tout et tout le monde, pour que cette nouvelle vie se déroule au mieux. Mais il arrive qu'ils se trompent, qu'ils en fassent trop ou pas assez.
Essaie d'être indulgent·e avec eux, et n'hésite pas à leur parler si tu ne vis pas très bien la situation. Leur seul but est que tout le monde trouve sa place et soit heureux, n'en doute pas.
Un peu d'écoute, un peu de patience, un peu de calme, et tu verras : chat va flotter !

Toujours aux mêmes de faire des efforts ?

PASSE EN MODE CHAT !

On reste zen, on écoute, et on apprend à se connaître !

Vis-tu certains conflits à la maison ? Lesquels ? Avec qui ? Et pour quelles raisons ?

....

As-tu déjà ressenti un sentiment d'injustice dans ta famille ? À quelle occasion ?

....

Penses-tu que discuter ouvertement avec tes parents pourrait améliorer vos relations dans certains domaines ? Lesquels ?

....

Si tu es dans une famille recomposée, as-tu déjà essayé de te mettre à la place de ton beau-père, de ta belle-mère ? Que ferais-tu pour que tout se passe bien avec toi ?

....

Si tu te trouvais à la place de Zoé, que pourrais-tu faire pour débloquer la situation ?

....

Apprendre à se comprendre, apprendre à s'apprivoiser… pour apprendre à s'aimer. Le temps fait bien les choses, si on donne une chance à soi-même comme à l'autre.

ZIGGY

#15 - LES MYTHOS ? CHAT SUFFIT !

Une de mes missions de chaque matin consiste à aller sortir Nathan de son lit. Ses parents partent au travail plus tôt que lui, et il a le réveil difficile, quand il n'oublie pas carrément de se lever.
Suite à ses premiers retards, Nathan a commencé à s'inventer des excuses pour l'école. Mais peu à peu il y a pris goût. Et, de petites excuses en petits arrangements avec la vérité, Nathan s'est mis à développer le mensonge comme un véritable art de vivre, que ce soit dans son quotidien, avec ses parents, ses professeurs, comme avec ses camarades.
Pour passer de menteur occasionnel à mythomane professionnel, il n'y a parfois qu'un petit pas à franchir... Celui du cumul des histoires qu'on raconte, et qui s'empilent, jusqu'à...

ARRÊTE DE MYTHO !

« Un mensonge est comme un chat :
il faut l'arrêter avant qu'il ne sorte
et qu'il soit vraiment difficile à attraper. »
Charles M. Blow

Planté sur son rebord de fenêtre, je gratte à la vitre en l'appelant :

– Nathan ! Debout, feignasse, tu vas encore être à la bourre !

– Fous-moi la paix, Ziggy... C'est pas l'heure...

– C'est l'heure d'aller te faire secouer les puces par ta prof de maths ! Tout le monde a déjà pris le bus.

– Sérieux ? Mince !

Nathan se lève d'un bond et enfile un T-shirt. Le bus n'est pas encore passé, mais un petit mensonge pour lui remuer les côtes peut se révéler utile.

– J'y vais ! À tout' !

– Oh, gros mec ! Et la douche ? Ça poque là-dedans !

– J'ai pas le temps, là...
– Comme tous les jours... T'es un goret. Fonce te laver ou je fais courir le bruit.
– OK, j'y vais...
– Regarde, je me balade toute la journée les pattes à l'air, et je ne pue jamais des coussinets ! Y'a quand même du bon à se laver ! Et pas la peine de me faire le coup du robinet qui coule pendant que tu joues sur ta tablette !
Je sais, ça fait un peu adjudant-chef dit comme ça. Mais voilà quatre jours qu'il part à l'école sans se laver. Il s'asperge de parfum, tout en racontant que c'est sa mère qui l'oblige à en mettre : question odeur, c'est pire que tout ! Petit mytho deviendra grand...

En fin de journée, je vois revenir Nathan. Contrairement à d'habitude, il est raccompagné par son père.
– Convoqué par la directrice ! Mais t'étais où, bon sang ? lui lance ce dernier.
– Mais je t'assure, c'est pas ma faute, le bus m'est passé sous le nez ! Et il a fallu que j'y aille à pied ! s'exclame Nathan.
– Et il te faut trois heures pour faire quatre kilomètres ?
– Mais ensuite je n'ai pas pu entrer, les portes étaient fermées...
– Bon, tu rentres faire tes devoirs, il faut que je repasse au bureau. On en reparle tout à l'heure, quand ta mère sera là.
Nathan se rend jusque chez lui, et sur le chemin son téléphone sonne.

– Salut, Mat ! Je sais, je suis à la bourre, j'étais avec une copine... Ouais, top ! Vous m'attendez pour commencer la partie ? J'arrive !

Il raccroche. Là, c'en est trop. Je me plante devant lui.

– Alors, mon bon prince ! Bien passée, la journée ?

– Tranquille ! Merci pour ce matin, j'ai eu mon bus juste à temps. C'était chaud.

– Je sais. La prochaine fois, j'emmènerai ton père avec moi sur le toit de l'Abribus, juste pour le spectacle.

– Je comprends pas... Qu'est-ce que...

– J'étais à côté tout à l'heure, quand il t'a ramené. Alors ne viens pas m'embourber le museau avec tes histoires. T'as séché les cours, c'est tout !

– Oh, ça va... J'ai croisé des copains et on est allés faire un tour en ville. En plus j'avais un devoir à rendre, et je n'avais rien préparé...
– Donc dans la même journée tu as menti à tes parents, à tes profs, et à l'instant à ton ami, quand ta convocation chez la directrice s'est transformée en rencard avec une copine ? Tu sais ce que disait l'écrivain Mark Twain à propos des chats ? « L'une des différences les plus frappantes entre un chat et un mensonge est qu'un chat n'a que neuf vies. »
– Je sais, c'est juste comme ça... C'est pas si grave...
– Il est encore temps d'arrêter tous ces petits et gros mensonges, avant que ça ne devienne grave justement. Tes absences vont déjà être difficiles à expliquer à tes parents ce soir... Mais si tout le monde s'aperçoit que tu ne fais que raconter des histoires, qui continuera à te croire ? Qui te fera confiance ? Qui restera avec toi ?
– Pff... Je sais, je dis des trucs... Ça vient tout seul, je n'y fais même plus attention.
– Tu devrais y faire attention, car au fur et à mesure tu seras obligé d'inventer des mensonges à l'infini pour que les premiers semblent vrais. Et ils deviendront de plus en plus gros... Et les conséquences sur ta vie comme sur ton entourage seront un jour ou l'autre catastrophiques. Tu comprends ?
– Je crois, oui. Bon, OK, je rentre...
– Pas seulement, mon jeune ami ! Tu rentres, oui, mais demain, je veux te voir propre et à l'heure avec les autres pour prendre le bus. Je serai là. Et je veux voir un garçon de confiance, un adolescent de parole, pour plus tard,

je l'espère, serrer la paluche à un homme sans mensonge, libre.

– OK, Ziggy, c'est promis!

– Alors tape-m'en cinq, mon ami!

– Check!

Pendant que je le regarde s'éloigner, me revient en mémoire cette petite chanson : « Chat ne vaut pas la peine de mentir à ceux qu'on aime, pour aller faire tourner des mensonges sur son nez. Chat fait rire les enfants, chat ne dure jamais longtemps, chat ne fait plus rire personne quand les enfants sont grands[2] »

Pour grandir, il faut cesser de mentir. Car au final, à quoi cela te sert-il ?

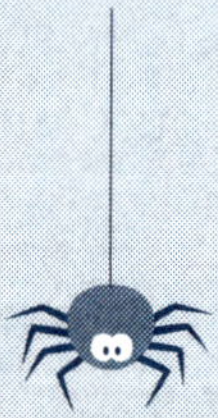

[2] « La Complainte du phoque en Alaska », revisitée ici par la corporation féline.

CHECK & CHAT !

Le chat reste naturel
Le chat est toujours honnête

Dans ce que tu dis, dans ce que tu fais, avec tes parents, ton entourage, tes ami·e·s, sois honnête.
Si tu commences à mentir, tu vas t'empêtrer dans tes mensonges. Car il faudra te souvenir de tout pour ne pas te contredire. C'est invivable et impossible.
Tu y perdras ton temps, ton énergie et, plus que tout, la confiance que ton entourage te porte. Car un jour ou l'autre les mythos et les menteur·euse·s finissent par faire une erreur.
Et de cet instant-là, plus personne ne les croit, quoi qu'ils ou elles disent.
Mieux vaut ne pas en être, c'est beaucoup plus facile à vivre. Chat me paraît clair!

Arrête de mytho!

PASSE EN MODE CHAT!

Mytho or not mytho, telle est la question!

- Des petits mensonges, ça peut se faire... Cela t'arrive-t-il souvent? À quel propos?

....

....

- Quand il t'arrive de mentir ou de grossir un peu la vérité, qu'est-ce que cela t'apporte?

....

....

- S'il t'arrive de raconter des mythos, quels sont les avantages que tu en retires? Et quels sont les risques que tu prends à les raconter? Fais la liste des points positifs et négatifs.

....

....

....

- As-tu de temps en temps des doutes sur ce que te racontent tes ami·e·s ? Si oui, quels sont les signes, les détails qui te mettent sur la piste ?

- Que fais-tu quand tu découvres qu'on t'a menti ? Comment réagis-tu ? Comment considères-tu la personne après cela ?

Nous pouvons tous et toutes quelquefois grossir un peu la vérité pour relater nos expériences. Mais d'ici à les inventer de toutes pièces, il y a un pas à ne pas franchir : celui de la confiance et de la crédibilité que les autres nous portent. Toute la différence entre : « Chat mythonne ! » ou « Chat m'étonne ! »

ZIGGY

#16 - L'AMOUR, CHAT VA, CHAT VIENT ! MAIS QUAND CHAT VIENT, CHAT VA !

Quand on est jeune, on entretient une multitude de relations sentimentales, avec ses parents, sa famille, ses proches. Toutes sont différentes, mais toutes sont ressenties avec beaucoup de force et d'importance durant ces premières années de l'adolescence. Elles naissent tour à tour, évoluent, s'épanouissent et occupent une grande part de ce qu'on vit.

Clara, encore un peu perturbée par la séparation de ses parents, est en train de découvrir une nouvelle forme de sentiment qui balaie ses pensées comme une tempête...

Sa « première fois », son premier amour vient de débarquer sans prévenir dans sa vie.

Elle ne pense plus qu'à lui, Kylian, un Franco-Britannique qui est arrivé dans sa classe en cours d'année...

Kylian, ses fossettes, son sourire, mais comment lui faire savoir que...

COMMENT SE FAIRE REMARQUER ?

« Je me disais, Mademoiselle Pattes-de-velours, que quand nous irons chacun de notre côté, nous pourrions aller chacun de notre côté du même côté. »
Le Chat Potté

– Comment lui dire ?... soupire-t-elle accoudée à son balcon. Comment faire pour qu'il sache ?...
S'il est un sujet sur lequel nous nous rejoignons, humains et animaux, c'est bien l'amour. N'as-tu jamais pensé que nous aussi, les chats, nous pouvons tomber amoureux ?
Les humains les plus férus de notre espèce ne voient souvent que l'amour que nous portons aux humains. Il existe, c'est vrai. Mais nous ressentons aussi, comme toi peut-être, une forme de sentiment passionnel que nous pouvons vouer à l'un ou l'une de nos congénères...
Et ce soir, Clara, perdue dans ses pensées amoureuses, n'échappe pas à la règle de celles et ceux qui aiment.

Je m'approche d'elle à pattes de velours, sans vouloir la déranger, juste pour être là, à ses côtés.
Elle soupire encore, sans me voir. Je me rapproche un peu pour me coller à elle. Elle se met à murmurer :
– Qu'est-ce que je pourrais faire pour qu'il me voie ? Il ne me remarquera jamais… Qu'est-ce que je pourrais faire ?…
J'hésite un peu, puis me mets à murmurer :
– Elle s'appelait Mounia, c'était une chatte qui venait du Maroc. Elle avait emménagé dans la maison avec sa maîtresse. Nous avons vécu une belle histoire, jusqu'à ce que, un beau matin, elle parte.
– Bonsoir, Ziggy ! Tu m'as entendue ?
– Oui…
– Pourquoi est-elle partie, ta Mounia ?
– Elle a déménagé quand nos maîtres se sont séparés. Je ne l'ai jamais revue, et je ne saurai jamais comment la retrouver.
– C'est tellement triste…
– C'est la vie, Clara. C'est pour cette raison qu'il ne faut jamais hésiter à dire.
– À dire quoi ?
– À dire qu'on l'aime… à la personne qu'on aime. Je ne lui ai pas assez dit, et un jour elle est partie. Les humains n'y peuvent rien, mais ils ne se rendent pas compte que parfois, nous aussi, les chats, nous créons des liens qui leur sont inconnus. Qui sait ?
– Qui sait quoi ?
– Qui connaît les sentiments que tu portes à Kylian ?
– Personne… Surtout personne…

– C’est dommage. Surtout pour toi, surtout pour lui…

– Que veux-tu que je fasse ?

– Que tu vives pleinement l’instant présent et ce qui t’arrive. L’amour est rare et précieux. Jamais une seconde ne doit être perdue pour qu’il vive.

– Mais je ne sais pas ce qu’il pense… Je ne sais même pas s’il sait que j’existe.

– Pour cela, il y a une méthode infaillible. Pas pour que ça marche forcément entre vous, mais au moins pour qu’il te remarque !

– Laquelle ?

– Il faut occuper le terrain !
– C'est-à-dire ?
– Sans être collante, il faut que tu sois présente dans son environnement. De la cantine à l'Abribus, du cours de géo à la sortie extrascolaire, des devoirs à l'étude à la rencontre « inopinée » au centre commercial, il faut que tu sois là, juste présente, à faire un sourire, un salut. Il faut que, doucement, tu appartiennes à ses habitudes, que tu sois inscrite dans son univers.
– T'as pas plus rapide ?
– Si ! Tu vas le voir, et tu lui dis ! Tu te sens prête ?
– Bon, OK, on va essayer ton approche... Alors ? Et après ?
– Et après ? Tu disparais de son champ de vision pour quelque temps.
– Comme ça ? Pourquoi ?
– Pour créer le vide, l'absence. Ensuite, tu laisses venir. Après autant de signes de ta part, le vide que tu auras créé devrait lui sauter aux yeux.
– Et ?... Qu'est-ce qu'il se passera ?
– Je ne sais pas, Clara, mais il ne serait pas étonnant qu'à l'improviste, entre deux cours, il te demande pourquoi il ne te voit plus à tel ou tel endroit.
– Et après ?
– Et après, tu improviseras : tu pourrais tenter de lui parler anglais, par exemple ! Avec ton accent, ça devrait le faire rire, et peut-être l'attendrir.
– Il me faut un plan... Pour être sûre...
– L'amour ne se calcule pas ainsi, Clara. Il faut que tu laisses la vie faire son œuvre, avec ses oui, ses non, ses peut-être,

ses envies. Mais au final, tu auras déjà fait un grand pas : tu ne te demanderas plus s'il sait ou non que tu existes...

Quelques semaines plus tard, je suis repassé sous le balcon de Clara, elle y était à nouveau accoudée, elle souriait. Me racontera-t-elle d'où vient ce sourire ? Me dira-t-elle si... Une histoire d'amour appartient à celles et ceux qui la vivent.

CHECK & CHAT !

Le chat a un énorme besoin d'amour

S'il est bien une vérité à te rappeler
au fil de ces lignes, c'est que tous,
humains ou chats, nous
nous souvenons de nos premiers
amours toute notre vie.
Ils deviennent même une partie
déterminante pour notre avenir.
Alors rien ne sert de se presser :
prends le temps de savourer
ces premiers sentiments,
ces premiers instants d'amour,
de passion. L'amour partagé
ne se commande pas, mais n'oublie
jamais que l'amour existe,
et t'attend, un jour, quelque part.
Et alors, ça fera : « Chatbadabada...
Chatbadabada... »

Comment se faire remarquer ?

PASSE EN MODE CHAT !

Quelques mots d'amour ?

- Existe-t-il pour toi des signes physiques quand on est amoureux·se ? Quels sont-ils ?

....

- As-tu déjà été amoureux·se de quelqu'un ? Qu'as-tu fait pour qu'il ou elle te remarque ?

....

- As-tu déjà eu des sentiments pour quelqu'un qui n'étaient pas partagés ? Comment as-tu vécu cela ?

....

- Quelle serait ta définition de l'amour en quelques mots ?

....

- Considères-tu que les sentiments entre une fille et un garçon sont les mêmes qu'entre deux filles ou deux garçons ?

....

- À qui peux-tu confier tout ce que tu as sur le cœur ? Toi-même, reçois-tu les secrets amoureux d'une personne ?

....

Découvrir les premiers sentiments vrais et profonds, découvrir l'art délicat de tomber en amour (comme on dit au Québec), cela fait partie des grandes révélations de la vie, une quête qui ne finit jamais. Et chat, c'est un des plus beaux cadeaux de la vie !

ZIGGY

#17 - MON AVENIR ? CHAT M'INSPIRE !

Quand ils ne se chamaillent pas, Romane et Lucas, frère et sœur, sont très complices.
Plus le temps est passé, plus ils ont grandi, plus ils se sont rapprochés. Bagarreurs hier, ils sont devenus l'un pour l'autre de vrais confidents.
J'ai connu cette tendre affection et ce lien indéfectible avec ma sœur Shan.
Quand on a un frère, une sœur, on sait que c'est pour la vie. On pense alors à ce que sera l'avenir, pour l'un, pour l'autre, ensemble.
Que deviendras-tu, Romane? Que feras-tu plus tard, Lucas? C'est ce qu'ils se demandent, allongés dans les chaises longues de la terrasse, alors que le jour est en train de tomber.

ET DEMAIN ? GRANDIR POUR DEVENIR ?

« Un chat fera ce qu'il veut quand il veut,
et on ne peut rien y faire. »
Frank Perkins

« La chose la plus active à mon sujet
est mon imagination. »
Garfield

– Et toi, Lucas, tu sais ce que tu as envie de faire plus tard ? demande Romane.

– Je ne sais pas trop encore, j'hésite… Avant, je voulais être pompier… Mais maintenant, j'aime bien la cuisine. Tu as vu toutes ces émissions sur les grands chefs ? J'aimerais bien être comme eux.

– Tu rigoles ?

– Non, sérieux ! J'aimerais bien ouvrir un restaurant, avoir des étoiles...
– Arrête de rêver ! Dans le coin, au mieux tu bosseras dans un kebab ou une brasserie !
Je crois qu'il me faut intervenir.
– Salut, les jeunes ! Quoi de neuf ?
– Salut, la patoune ! C'est Lucas qui me raconte qu'il veut devenir un grand chef comme on les voit à la télé ! Mort de rire !
– Pourquoi ?
– Parce qu'il doit y en avoir cinquante en France au max, et qu'avant d'y arriver, faudrait déjà qu'il sache faire cuire un steak !
– Et toi ? Qu'est-ce que tu as envie de faire plus tard ?
– Moi, je serai vétérinaire. J'adore les animaux. Viens me faire un câlin, mon gros père !
Romane me prend dans ses bras.
– Vétérinaire ? C'est génial, ça ! Et... tu y connais quoi, aux chats ? Aux animaux en général ?
– Je vais apprendre, comme les autres, quand je ferai mes études de véto.
– Oui, comme ton frère, pour la cuisine.
– Ah, tu vois ! rétorque Lucas.
– D'accord, mais chef, quand même... répond-elle.
– Grand chef ! s'enflamme Lucas.
– Oui, c'est possible, Lucas : grand chef ! Si tu t'en donnes les moyens. C'est tout le secret, Romane, lui dis-je alors qu'elle me caresse sur ses genoux. Il ne suffit pas d'avoir envie, de rêvasser, il faut rêver, et rêver en grand !

– Moui, peut-être...
– Tu penses que ce sera plus simple de devenir vétérinaire ? l'interroge Lucas.
J'interviens de nouveau :
– Ton frère a raison, Romane... Tes études vont être longues, et vous serez nombreux. Il y a dans ton domaine comme dans le sien beaucoup de concurrence. Mais vous avez une chance...
– Laquelle ? demandent le frère et la sœur ensemble.
– Vous êtes deux. Vous avez tout à gagner à vous épauler et à vous soutenir dans vos projets et vos désirs. Vous avez tout à gagner à vous faire confiance mutuellement pour atteindre votre but. C'est une force considérable, que vous retrouverez peut-être un jour, lorsque vous serez en couple. Mais dès aujourd'hui, plutôt que de dénigrer les projets ou les rêves de l'autre, vous pouvez déplacer des montagnes en échangeant vos idées.
– Tu crois ? dit Romane.
– On va faire un jeu, un test croisé. Romane, tu vas trouver

une idée pour ton frère pour l'aider dans son projet et toi, Lucas, tu vas faire pareil. Je vous écoute : Lucas ?

– Je sais qu'Erwan a passé une semaine chez un vétérinaire pour son stage d'orientation de troisième. Il a pu voir et participer à certaines opérations. Pendant les vacances, tu pourrais peut-être faire pareil ?

– Pas bête, ça, pour découvrir le métier ! Et toi, Romane, que penses-tu que ton frère pourrait faire ?

– Déjà... s'entraîner à la maison ! Oui, tu pourrais nous préparer un super menu tous les dimanches !

– Tu crois ? dit Lucas.

– Grave ! La semaine, tu établis le menu, samedi, tu fais les courses, le dimanche, tu passes en cuisine, et après on se régale !

– Ah ouais, ça pourrait être top... répond-il.

– Et tu pourrais même noter toutes tes recettes au fur et à mesure pour en faire un livre, ça s'appellerait «Secrets de gourmet» par Lucas !

– Génial ! Tu prendras des notes pour moi ?...

Je me suis éclipsé sans qu'ils s'en rendent compte. La machine à rêves était lancée.

Au fil du chemin, en poursuivant leurs rêves, Romane et Lucas pourront compter l'un sur l'autre pour se soutenir. Ils feront d'autres rencontres, des découvertes, mais continueront à s'élever et à se rapprocher de leurs rêves.
Rêver pour demain, et croire que tout est possible, c'est ainsi que se construit l'avenir.

CHECK & CHAT !

Le chat se concentre sur l'essentiel
Le chat sait ce qu'il veut, il est direct

Quoi qu'on te dise, tu as le droit de rêver et de croire en tes rêves. Personne ne peut t'empêcher de poursuivre ta voie et tes désirs. Ce que tu aimes aujourd'hui résonnera dans tes choix pour le reste de ta vie.
Savoir ce que tu veux, suivre ta voie et par la suite travailler à ce que tu désires, c'est déjà avoir parcouru la moitié du chemin vers le succès. Mais pas n'importe quel succès, celui qui t'amènera au bonheur et à l'épanouissement pour le reste de ta vie. Et chat, chat m'inspire…

Grandir pour devenir ?

PASSE EN MODE CHAT !

Et demain ?

- Demain, qu'est-ce que tu as envie de faire ? Quel métier te passionnerait ? Peut-être as-tu plusieurs idées ?

....

- Note ici la liste de tes envies, peu importe si elles te semblent atteignables ou non.

....

....

- Qui dans ton entourage pourrait te renseigner, ou t'aider à découvrir, le ou les métiers que tu aimerais faire ?

....

....

- Quelles sont les raisons pour lesquelles tu aimerais faire ce ou ces métiers ?

....

Y a-t-il un métier que tu rêves de faire et dont tu te sens incapable ? Pour quelles raisons ? Note-les. Pourrais-tu les solutionner ? Comment ?

……………………………………………………………………………………

……………………………………………………………………………………

Note ici, sur deux colonnes, la liste de ce que tu voudrais être et la liste de ce que tu voudrais faire. Puis relie les points qui te semblent pouvoir se retrouver et fonctionner ensemble.

……………………………………	……………………………………
……………………………………	……………………………………
……………………………………	……………………………………

Nous caressons tous un rêve, parfois secret…
Et si, l'espace d'un instant, il pouvait devenir réalité ? Que pourrions-nous faire pour cela ? Chat se réfléchit, non ?

ZIGGY

#18 - VIVRE COMME UN CHAT ? CHAT VAUT LE COUP D'ESSAYER !

Maé, elle ou lui, garçon ou fille, quelle importance. Seul compte l'être en devenir.
Grandir n'est pas chose aisée, et pour grandir en confiance et s'épanouir, tous et toutes, enfants comme ados, n'ont pas les mêmes chances.
Maé a quelquefois cette curieuse pensée de ne pas être né·e au bon endroit, ou de ne pas appartenir vraiment à sa famille.
Maé s'imagine venant d'ailleurs... comme si aujourd'hui ne semblait pouvoir lui suffire.
Peut-être que demain... Dans une autre ville... Paris ou Londres, pourquoi pas... Partir, c'est ce dont Maé rêve chaque soir avant de s'endormir.
Peut-être que demain, oui... Encore faut-il déjà penser à vivre aujourd'hui.

UN SOIR, ZIGGY VIENDRA...

« Les chats sont des individus absolus,
avec leurs propres opinions à propos de tout,
y compris les personnes qu'ils possèdent. »
John Dingman

Je n'ai encore jamais rendu visite à Maé. Plus jeune que les autres, Maé possède pourtant une grande maturité pour son âge. Après avoir vaguement entendu parler de moi, Maé soupire et espère que je viendrai frapper à sa fenêtre, sans trop y croire.

Faut-il vivre dans la réalité ou raconter des histoires ? Faut-il rêver sa vie ou vivre son rêve ?

J'entends son appel.

– Salut, Maé !

– Ziggy ? C'est vraiment toi ? Tu existes vraiment ?

– Ah ! Ça, oui. Mais tu ne m'entends que parce que tu veux y croire.

– Tu vas pouvoir m'aider alors ?
– T'aider à quoi ?
– À m'en aller loin d'ici.
– Pourquoi ?
– J'ai l'impression de ne pas être à ma place... Je ne sais pas... C'est comme si... j'étais là par hasard.
– Vraiment ? Et tu ne crois pas au hasard ? Aux grandes règles du hasard ?
– Quelles règles ?
– Celles qui disent que tout ce que tu rencontres dans ta vie t'est ou te sera utile un jour, même si aujourd'hui tu n'en saisis pas encore le sens...
– Tu crois vraiment que tout est utile ? Qu'il y a une raison à ce que ma naissance ait eu lieu ici, dans cette petite ville ?
– Oui, Maé, c'est certain. Peut-être que demain tes études ou ton futur métier t'emmèneront ailleurs, mais tu te souviendras de cet endroit, de tout ce que tu y auras appris et de tout ce que tu y auras vécu. Il faut que tu apprennes à profiter de chaque instant.
– J'aimerais tellement être déjà loin, avoir déjà grandi. J'aimerais voyager, découvrir des pays, faire le tour du monde.
– N'aie crainte, si c'est vraiment ce que tu désires, les hasards de la vie et des rencontres t'y amèneront. J'ai déjà vécu dans six endroits différents, trois maisons, deux appartements en centre-ville et un bateau, et aux quatre coins de la France, avant cette nouvelle vie au soleil. Une vie bien différente de celle de la plupart de mes autres amis chats.

– J'aimerais bien avoir autant voyagé.

– C'est très enrichissant. Mais il faut savoir s'adapter rapidement. Un nouvel environnement, faire de nouvelles rencontres... Tu as tout le temps de découvrir cela dans les années à venir.

– Je me dis que ça n'arrivera jamais...

– Pour être sûr que ça arrive, il faut que tu apprennes à vivre comme un chat.

– C'est-à-dire ?

– Il faut que tu prennes le temps de vivre, que tu t'amuses dans la vie que tu as aujourd'hui. C'est un véritable paradis ici. Ne te presse pas trop d'aller respirer les pots d'échappement. Profite de la mer, de tes amitiés, du soleil... À coup sûr cela te manquera plus tard, et tu y reviendras.

– Tu crois ? Est-ce si sûr ?...

– J'ai souvent entendu les humains dire : « On croit toujours que l'herbe est plus verte ailleurs. » Pour une fois qu'ils ne disent pas une bêtise, autant s'en souvenir ! Tu comprends le sens de cette formule ?

– Oui, à peu près... Je pense.

– Vois-tu, nous, les chats, si nous passons notre vie à ne faire que ce que nous voulons quand nous le voulons, c'est dans le seul but de cultiver notre bien-être et notre bonheur de tous les jours. Mais nous le faisons dans le présent, ici et maintenant, à l'endroit où nous nous trouvons.

– Et à demain, vous n'y pensez jamais ?

– Si, tu as raison. Il faut l'envisager, y réfléchir, se laisser porter par ses rêves et ses envies. Mais penser sans arrêt à ailleurs, à demain, c'est à tous les coups nous empêcher d'être heureux. C'est le meilleur moyen de passer à côté de tous les plaisirs et les petits bonheurs quotidiens que la vie peut t'offrir.

Maé reste dans ses pensées.

– Dis-moi, Maé, tu as un journal intime ?

– Non, pourquoi ?

– Alors je te propose une petite expérience. Que dirais-tu d'écrire non pas un journal intime, mais le journal de bord de ta vie ? Comme si tu naviguais... ?

– C'est-à-dire ?

– Pour chaque jour, tu vas faire deux parties : écrire ce dont tu rêves pour l'avenir, et écrire tous les bons moments que tu auras vécus durant la journée.

– Pour m'en souvenir ?

– Oui, pour à la fois créer demain et profiter pleinement de ta vie d'aujourd'hui. Dans quelques années, quand tu seras loin, tu auras grand plaisir à le relire.
– Chat, c'est une bonne idée, je m'y mets tout de suite ! Merci, Ziggy !

Écrire le journal de bord de sa vie, c'est écrire sa vie. L'ancrer dans le présent, dans la réalité, et l'inventer pour l'avenir.
Vivre comme un chat, c'est marcher sur le fil du présent, regarder demain tout en vivant pleinement aujourd'hui.
Par moments, je les envie d'être encore si jeunes, quand je sais tout ce qu'il leur reste de merveilleux à découvrir !

CHECK & CHAT !

Alors : chat ou pas chat ?

Et toi, que ferais-tu si un soir Ziggy venait toquer à ta fenêtre ? Lui ouvrirais-tu ? L'entendrais-tu murmurer à ton oreille ? Vivre comme un chat, c'est croire dans le calme à la magie de la vie. Cette magie qui opère à chaque instant, pour t'apporter toutes les connaissances et les expériences qui construiront ton bonheur tout au long de ton chemin de vie. Et dire que les adultes ne croient plus en la magie... Chat me sidère ! La magie ? Celle du chat ? Celle de la vie ? On n'a rien inventé de mieux pour chaque jour se lever dans un immense sourire.

Un soir, Ziggy viendra…

PASSE EN MODE CHAT !

Agir et grandir comme un chat ?

- Quelles sont les questions que tu te poses au quotidien ? Et pour ton avenir ?

……………………………………………………………………………………

- Que penserais-tu d'apprendre en dehors de l'école une nouvelle chose chaque jour ? Même un simple mot ! Soit 365 nouvelles connaissances par an ! Comment t'y prendrais-tu ?

……………………………………………………………………………………

- Comment te vois-tu aujourd'hui ? Comment t'imagines-tu demain ?

……………………………………………………………………………………

- Que pourrais-tu mettre en œuvre pour que tes désirs deviennent réalité ? De la plus petite envie au plus grand rêve, que pourrais-tu faire pour qu'ils progressent ?

……………………………………………………………………………………

- Quelle(s) promesse(s) pourrais-tu te faire à toi-même pour vivre heureux·se dès aujourd'hui, et te construire une vie de bonheur pour demain ?

……………………………………………………………………………………

Aujourd'hui, au terme de ce livre, passe à l'action.
Agis et grandis comme un chat, et deviens le héros, l'héroïne de ta vie !

ZIGGY

Le chat a toujours le dernier mot !

Assise dans l'herbe du square, la joyeuse bande rit et parle de tout, mais pas toujours de l'essentiel… Un dernier petit message ? Une dernière petite mission pour moi ?

– Salut les ami·e·s ?

– Salut Ziggy !

– Alors ?

– Alors quoi ? lance Mat.

– Tout va bien dans vos vies ? Chat roule ?

– Oui, et toi ? répond Léa.

– Bof, ça va ! Mais, apparemment, il va falloir qu'on aille s'installer quelque temps sur Paris, et ça ne me fait pas friser les moustaches…

– Quoi ! Mais qu'est-ce que je vais faire sans t… ! lâche Dorian.

Les autres se tournent vers lui, puis vers moi, et je leur dis :

– Quoi ? Vous ne saviez pas que j'étais passé voir chacun et chacune d'entre vous à un moment ?

– Si, on avait su pour Louise, avec le foot, quand tu étais venu nous chercher…

– C'est dommage que vous n'en ayez pas plus parlé entre vous… Ça aurait pu vous être utile.

– Ben c'est un peu perso quand même, dit Clara l'amoureuse.

– Agir comme un chat, c'est aussi, après avoir appris et grandi, savoir échanger et transmettre ce que l'on sait.

– Ce n'est pas toujours facile, dit Florian.

– Vous avez tout à gagner à échanger vos connaissances et vos expériences de vie, y compris les petits secrets que nous avons partagés ensemble… On ne peut jamais savoir par avance ce qui pourra être utile à l'une ou l'autre des personnes que l'on côtoie.

– Alors il faut tout se dire ? demande Greg.

– Tout ce qui peut être utile aux personnes que l'on aime, à ses ami·e·s. Faites-vous confiance, partagez, vous n'en serez que plus fort·e et plus riche pour construire votre vie. Et, que de temps gagné à pouvoir contourner ou surmonter les obstacles grâce à l'expérience des autres, plutôt que de devoir les affronter ?

Il y a des sourires en coin, avec un peu de gêne. Et Florian dit :

– Je vous ai raconté comment j'ai fait pour que mes parents finissent par ne plus me coller une nounou le samedi ?

– Non, vas-y, raconte ! répond Lili très intéressée.

– J'ai donné des preuves de confiance… dit Florian.

Je souris intérieurement.

– Bon je vais devoir vous laisser les ami·e·s. J'étais juste passé vous saluer avant de partir.
– Tu pars quand ? demande Babass.
– Ce soir.
– Déjà ? Tu aurais dû nous prévenir ! s'exclame Théo.
– Pour quoi faire ? Je suis sûr que vous vous débrouillerez très bien sans moi à présent. Et puis... si vous avez cru à la magie du chat dans votre vie, vous savez qu'un chat magique ne s'en va jamais vraiment... Je serai toujours là, près de vous, quand vous aurez besoin de moi. Nous resterons connectés. Et j'espère, à mon retour, retrouver presque adultes, les belles personnes que vous allez devenir. Au revoir les ami·e·s.
– Au revoir Ziggy... et merci !
Et me voilà couvert de toutes leurs caresses et de leurs baisers.
Quand je vous disais que pour être aimé·e, il suffisait d'être, de donner, et de laisser la magie opérer.
... Chacun, chacune va me manquer.

Je vous souhaite...

À vous regarder grandir et vous éloigner sur le chemin de la vie, j'ai envie de vous dire, comme le grand Jacques Brel, « Je vous souhaite... ».

Je vous souhaite des fontaines de bonheur, et que chaque instant de votre vie vous apporte des torrents de joie et autant de fous rires.
Je vous souhaite de ne jamais languir de rien, d'avoir envie de tout.
Je vous souhaite de réaliser vos rêves et ceux dont vous ne vous doutez pas encore.
Je vous souhaite de croiser l'amour au cours de votre vie, et de tout faire pour qu'il puisse durer et s'épanouir.
Je vous souhaite de savoir pardonner sans garder de colère, pour encore grandir.
Je vous souhaite de savoir tenir quand la tempête grondera, et qu'à la barre de votre navire, malgré les tornades et les vagues, vous gardiez le cap.
Je vous souhaite de découvrir, de multiplier les expériences et de vous enrichir de tout.
Je vous souhaite d'apprendre à travailler, d'apprendre à vivre, sans jamais oublier de vous amuser.
Je vous souhaite de longues et belles amitiés, car elles seront dans quelques années les témoins de votre vie.
Je vous souhaite de vous réaliser dans tout ce que vous aimez, de garder votre voie et de ne jamais oublier d'où vous venez.
Je vous souhaite de savoir garder votre curiosité et votre émerveillement de tout.
Je vous souhaite de ne jamais oublier la part d'enfant que vous avez encore aujourd'hui, elle sera votre bien le plus précieux dans votre future vie.
Je vous souhaite le meilleur, et un peu plus, pour les années à venir, et de ne jamais oublier de croire en vous.

Je vous aime, les enfants, les jeunes, les nouveaux adultes de demain. Vous êtes sans le savoir ce qui se fait de mieux, car vous êtes notre avenir.

Et même si personne n'est parfait, nous pouvons chacun et chacune évoluer et grandir toute notre vie, et...

c'est bien comme chat !

ZIGGY

P.-S. : Si vous avez une question à me poser ou un conseil à me demander, envoyez un e-mail à mon scribe, Stéphane, à sg@stephanegarnier.com

Bibliographie de Stéphane Garnier

• *Agir et penser comme un chat*, Saison 2, Les Éditions de l'Opportun, 2019

• *J'ai décidé d'être heureux… c'est bon pour la santé*, Éditions Ideo, 2019

• *Le chat en 500 citations*, Les Éditions de l'Opportun, 2017, nouvelle édition (poche), 2019

• *C'est vraiment trop con de finir comme ça !*, Les Éditions de l'Opportun, 2019

• *Péter sans se faire griller*, Éditions Tut-Tut/Leduc.s, 2019

• *The Karma of Cats*, Collectif, Sounds True Editions (US), 2019

• *Catissime. L'encyclopédie du chat*, Les Éditions de l'Opportun, 2018

• *Off. Ta vie commence quand tu raccroches*, Les Éditions de l'Opportun, 2018

• *Agir et penser comme un chat, Cahier d'exercices* (avec Laurie Hawkes), Les Éditions de l'Opportun, 2018

• *#Balancetonmacho ! Les oscars de la misogynie*, Éditions Tut-Tut/Leduc.s, 2018

- *T'as pris combien ? 9 mois comme tout le monde*, Éditions Tut-Tut/Leduc.s, 2018
- *Bienvenue dans Ch'Nooord : Manuel pour devenir un ch'ti accompli*, Éditions Tut-Tut/Leduc.s, 2018
- *Super Radin*, Les Éditions de l'Opportun, 2017
- *Agir et penser comme un chat*, Les Éditions de l'Opportun, 2017
- *Comment le petit Mélenchon est devenu le plus grand ! Petits secrets d'une ascension fulgurante*, Les Éditions de l'Opportun, 2017
- *Ma vie en mode feignasse*, sous le pseudonyme Fergie, Les Éditions de l'Opportun, 2017
- *Légendes à la con*, First Éditions, 2017
- *La lutte, c'est classe ! Les meilleurs slogans des manifs*, First Éditions, 2016
- *Perles de politiques*, First Éditions, 2015
- *Perles de people*, First Éditions, 2015
- *L'Homme sans contrainte. Le livre qui rend heureux et prospère*, Éditions Max Milo/Alpharès, 2014
- *Il y a l'océan*, TdB Éditions, 2008

www.stephanegarnier.com
www.facebook.com/agiretpensercommeunchat